若佐久美子「最後のレッスン」

目次

からだの動きについて

バレエレッスンに則して

生徒たちへ宛てた手紙

指導者としての私

はじめに

私とバレエ

私は子どもの頃、いわゆる虚弱体質で、病院への入退院をしょっちゅう繰り返すような子だった。当時お世話になっていた松江市立病院の看護師さんからは入院するときに「くみちゃん、お帰り」と言われるくらい。

両親は医師から「身体が弱いからといって、何もさせないのではなく、軽い運動をさせたほうが良い」と言われたという。でも、さすがにスポーツは激しすぎてかえって良くないから、舞踊が良いだろうということになり、当初は母が自分でも好きだった日舞をさせるつもりで準備をしていたようだった。

ところがその頃、たまたま知人に誘われて家族で見に行ったバレエの発表会で、私は一瞬にして、その光輝かしい舞台のとりこになってしまった。そのとき客席にいたはずの私は、心と身体が浮遊しすでに舞台の中央に立っているような気持ちになるほどに魅了された。終演となり緞帳が降りるや否や、座っていた椅子から飛び降りて「わたし、これやる！」と大きな声で言ったら、隣にいたふたつ上の姉にひどく嫌な顔をされ「静かにして！」と怒られた記憶がある。それが6歳になったばかりの秋のことだった。そして年が明けてすぐ、その思いが叶ってバレエを始めることになった。小学校入学前の冬だった。

それからというものは週に2回のバレエのレッスンが楽しくて仕方なかった。「何が楽しかったのか」と聞かれても特別にこれといえるようなものがあったわけではない。ただただ、そこにいて、先生やちょっと年上のお姉さんたちを真似てみることが、ひたすら楽しかった。

小学校の高学年になると部活動というものが始まる。スポーツや音楽などを学校の放課後の時間を使ってそれぞれが得意な、または好きな分野で活動するものだ。当時はバスケットボールが人気だった。例外なく姉もバスケットボールに興じていて、私の周りのお友達もバスケットボールを希望している子がたくさんいた。必然的に私も、姉やお友達と同じようにバスケットボールを希望した。みんなと一緒にやりたくて、何度か体験レッスンにも参加してみた。しかし、そもそも身体の弱い私だったので、親が許すはずもなく「くみちゃんはバレエがあるでしょ、スポーツはダメ。まして球技なんて危険！」と言われてしぶしぶ断念することになった。残念な経験だった。

だから小中高の時代の私はいつもバレエと共にあった。そんな私だからこそ、いつもバレエに支えられてきた。私にとってバレエこそが唯一の砦であった。「バレエのためなら我慢する」「バレエがあるから頑張る」という具合に、生活のすべてがバレエを中心に動いていた。

そして、大学受験の時期を迎えた私は、迷うこともなくバレエの道へ進むことを希望した。けれどもその頃には、夢だけ見ているような少女ではなくなっていたので、自分がはたしてバレエダンサーになれるのかどうか、ということへの不安も同時に持ち合わせていた。やみくもにどこかのバレエ団の研究生になるということではなく、私が選んだのは当時日本にひとつしかなかった「京都バレエ専門学校」へ入ることだった。

高校3年生の1月。島根県立松江南高等学校の国立大学文系進学希望クラスに在籍していた私は、「京都バレエ専門学校」を受験するため、一人で京都へ向かった。お風呂も付いていない安いホテルに宿をとった。受験は、希望動機の作文と、実技、面接だ。実技は私なりにそこそこ出来た。作文も高校で小論文を書く練習をさせられていたからそれなりに難なく書けたと思う。

そして最後に面接。

おそらく私の順番は最後の方だった。

当時の校長先生から「見てわかるでしょ。ここはあなたが来るような学校じゃないのよ」と開口一番に言われた。意味がわからなかった。続けて校長先生は「あなたね、京都はね、夏は暑くて冬は寒いのよ。雨の日もある。風の強い日だってあるよ。それでもちゃんと通ってこれる？　ちゃんと通ってこれるなら、入れてあげる」と言われた。それまで地元ではバレエが上手、上手と言われていた私は、いったい何が起こっているのかまったく理解ができなかった。

レベルが全然違っていたのだ。

安いホテルに戻ってバスタブのないシャワールームでシャワーを浴びていると理由もなく涙があふれた。

そのときの私のウォークマンの中には当時流行っていたレベッカという名の日本のロックバンドが歌う「Maybe Tomorrow」が入っていた。

そこから、私の本当のバレエの道が始まる。

京都バレエ専門学校で私は、これまでのただ楽しかっただけのバレエを見直す必要性に迫られ、バレエを踊るには理論や解剖学などの知識が必要だということを痛感した。そして3年の在籍期間を終え、卒業を迎える時期になって、幼い頃に光り輝く舞台の中央で踊るバレリーナを志していた私の心は、自分一人の踊りを追求するのではなく、指導者として私のように悩める多くのダンサーの相談相手になりたいという思いに至っていた。そして、卒業と同時に生まれ故郷の島根県松江市に戻り、小さなバレエスクールを開校した。

今から思えば、若干21歳の私にとってはスクールを運営していくことは簡単なことではなかった。けれども、誰に頼まれたわけでもない。たった一人で、勝手に使命感を持って始めたバレエスクールを、ただただひたすらに、「自分が生徒だったら、通いたい教室に」という思いだけで必死に守ってきた。大病した後も、どんなときも結果的にはバレエが私を支えてくれた。そして私がこのスクールを守っていくのだと心に誓った。

それから30年という月日が流れました。

5年ほど前に出会った「フェルデンクライス・メソッド」によって、私は長年の指導の悩みから解放されました。そして今、私の志を理解し、私の想いを継承しようとしている卒業生たちに向けて、私がこれまでどういうふうに生徒たちと関わってきたか、指導の現場で困ったらどうすればよいかについて、病気が再発した後の入院や抗がん剤治療の合間に書き綴ったものを、このような本に残すことにしました。

ここに書かれていることはあくまでも私のスクールで、私が指導していることについてのものです。ですから他のバレエの先生の指導方法とは違うなと思われる部分もあるかもしれません。しかし、だれでも指導に悩む場面が必ずあるでしょう。そんなときに、一指導者のつぶやきとして読んでいただけたらと思います。また、私の「フェルデンクライス・メソッド」を用いた指導方法は、実際に器械体操、新体操、フィギュアスケートの選手にも応用してきました。それ以外のスポーツに携わる皆様にも参考になる部分もあるかと思います。

私が幼き日に、光り輝く舞台の中央を見上げた眼差しと同じ目をしている、あなたの目の前にいる子のために、参考になればうれしく思います。

２０２１年３月　若佐久美子

レッスンの前に　話しておきたい　いくつかのこと

私の病気のこと。
そして「フェルデンクライス・メソッド」との出会い。

京都から松江に帰郷し、1989年4月にスタートした私のバレエスクールは、県外や国外のたくさんの指導者の先生方の力もお借りしながら、生徒たちも熱心に学び、順調に育っていた。スクールの10周年には、島根県大田市ご出身の世界的舞踊家であり振付家の石田種生先生をお迎えして、スクール生徒でのバレエの名作「くるみ割り人形」全幕を上演することができた。その頃には海外のバレエスクールに留学を果たす生徒も出てきており、スクールとしては上昇機運であった。

しかし私の中では少しの不安が頭をもたげていた。

これまでのように教えても、生徒が育たなくなっている。なぜなのか。これは当時の幼稚園教育の在り方が変わったからだとか、いわゆる「いまどきの親の責任」などと世間が揶揄していた時期だった。スクールを始めた頃には幼稚園児にできていたことが、開校して10年目くらいの頃には小学生でやっとできると思えるくらいの差が出てきていた。

私自身は指導経験が増えていて、知識も以前よりあるはずなのに、それが生徒の成長に反映しない。毎日レッスンが終わるたびに「なぜだろう？　私の伝え方が悪いのか。それとも子どもたちに何か問題があるのだろうか」と悩む日々が続いた。悩みながらもスクールではそれなりに育っていく生徒たちを集めて年1回の発表会を行い、一方で海外留学組を集めて有料公演を催したりもしていた。

そうした公演のひとつとして15年前（2005年）の夏に、母の出身地である隠岐島での公演を企画した。留学組のダンサーの他にゲストダンサー、室内楽演奏者、舞台スタッフなど二十数名を引き連れての移動公演である。私は舞台スタッフとともに前日から現地入りしていて、その日はダンサーたちが来るのを舞台の準備をしながら待っていた、その時だった。

突然気分が悪くなった。

普段はそんなことがあっても気力で乗り切れるものと思っていた私は「気のせいだ」とばかりに、気合を入れ直そうと何度も試みたが、額には脂汗が流れるばかりだった。これはいつもの感じとは違う。仕方なく、他のスタッフに事情を告げて病院へ向かうことにした。その時にはすでに身体もままならず救急車を要請する事態になっていた。

私を乗せた救急車は、その頃やっと島に着いたダンサーたちの車とすれ違ったらしい。「へえ、こんな小さな島にも救急車って走っているんだね」と彼らは乗っているのが私と知らずに話していたという。

そのときの診断は卵巣嚢腫及び卵巣捻転。とにかく動かないことを条件に現場に戻してもらい、公演は無事に行うことができたのだが、松江に帰ったら必ず受診をするようにと医師から言われた。

松江に戻ってからすぐに市内の病院に行き、大きくはれ上がった卵巣嚢腫を腹腔鏡手術で取り出すことになった。医師からは「簡単な手術です。入院も2週間未満ですから」と言われ、仕事のことしか頭になかった私は、そんなに簡単に仕事復帰できるのならばと、二つ返事で入院した。

そうして退院した翌日、のんびりした気分でビールでも飲もうかなと、友人を誘い息子を連れて蒜山（岡山県）へジンギスカンを食べに出かけようと準備しているとき、電話が鳴った。出てみると病院からで「先日の手術のことで話があるので、午後からご家族と一緒に来てください」という。私は「昼から出かけるので、今日の午後は無理です」と答えると、「だったら今すぐに来てください」と強く言われた。

そのときの自分の気持ちはほとんど覚えていないが、病気のことよりも、何か厄介な話なら今日はビールが飲めなくなるかも、とか、予定通りに仕事に戻れなかったら困るんだけどな、くらいにしか思わなかったと記憶している。そして病院へ出向いた私に医師はこうたずねた。

「一人？」

私は1年前に離婚していたし、他にだれも相談するような人間はいなかった。私一人で十分ですのでと言い、一人で話を聞いた。

「退院日に結果を伝えるのが間に合わなかったけれど、腹腔鏡で摘出した卵巣は病理検査に回しておいたが、問題はないはずだった」と前置きし「今日、病理の結果が上がってきましたが、これが単なる卵巣嚢腫ではなかった。境界型ではあるけれど、悪性です」と言う。

「病名は（卵巣）顆粒膜細胞腫です」

そして「すぐに開腹手術の必要性があります」と医師は言った。

「えーっ、今から？」と私。

「いやいや、後日にね」

「じゃあ仕事が忙しいので3か月後でもいいですか？」

「それは無いね」
「じゃあ、夏のうちに…」という会話をした。その後「えーっ、なんだが面倒くさいなぁ」と言いながら予定通り蒜山へジンギスカンを食べに行った。

医師は「この病気は進行が緩やかだから、生き死にには、10年先かもしれないよ」と言ってくれていた。10年先なら息子も成人しているし、まぁ問題ないかなと思うくらいに、その頃の私は楽観視していた。

はじめての開腹手術を終えて、やっとふつうの生活に戻りつつあった翌年の2月、「また影が見える」と言われて再び開腹手術に臨んだ。開腹してみたところ、単なる腹水であったため、簡単な手術としてそこは終わるはずだった。しかしその開腹手術の傷跡がヘルニアになり、さらに開腹手術を施されてお腹に金属製のメッシュを入れられた。体内に入ったメッシュは身体の外からでも形が見えるため、シャワーを浴びるたびに気持ちが滅入った。おへそはもはや身体の真ん中には存在しておらず、どこか明後日の方向を向いている。おまけに初めの開腹手術をしたときのリンパ腺切除のせいで、脚は大きく浮腫んでしまっていた。

ああ、私、もう普通じゃない。

もうすでに、自分が舞台に立つことは考えていなかったが、レオタードや衣装が着られないと思う哀しさ。この頃には、自分の意志ではどうすることもできない何かを感じ始め、不安は募るばかりで、一人、涙が止まらない毎日が始まっていた。

それからは何度もめまいのような症状に襲われ、動悸もする。普通じゃない。夜中にそんなことが何度もあり、救急外来へ行くが、そこでは何ともない自分になっている。何回目かのときには「また、あなた」という顔をされた。私ももう救急外来なんて行きたくないと思うようになっていたそんなとき、長い時間待たされて、診てくれた先生は精神科の女医だった。

「あなたは鬱です。あなたさえ良ければ一緒に治しませんか」とその女医はやさしく話しかけてくれ、次の日から精神科への通院が始まった。

うつ病とメッシュを入れたお腹。メッシュが入って腸閉塞をたびたび引き起こし、食べられるものも制限される日々。しだいに仕事への意欲は湧かなくなり、鬱々とした時間ばかりを私は過ごすようになっていた。

その頃のスクールはというと、ここの卒業生の海外留学組が帰国し始めていて、彼女たちが私に代わってレッスンをしてくれる状態であった。海外まで行って、私よりも数段素晴らしく著名な先生たちに習ってきた彼女たちに、私はスクールの生徒を託すしかなかった。

そんなある日のことだった。指導にあたっていた海外留学組の一人から「一人の生徒（当時、中学3年生か高校1年生だったと思う）が素晴らしいほど上達していて、今度のコンクールに出場させたい。きっと入賞するくらい良い出来に仕上がっているから」という連絡が入った。「とてもうまくいっているけれど、後半に気になるところがあるので、一度見に来てほしい」というので、私は重い腰を上げて練習を見に行くことにした。

教室では指導しているその教師と生徒の2人が熱心に練習しながら、私の到着を待っていた。

「さあ、見てもらおう」と2人は意気込んでいた。教師が音楽をかけた。その前奏に合わせて生徒がスタジオの端から走り出てきた。

それを見た瞬間、私は手を挙げて音楽を止めるように言った。後半に問題が若干あると聞いていたのに、走って出てきた瞬間、続きを見なくてもどの程度の話なのかが分かってしまった。まったく話にならないレベル。入賞どころか、おそらくは予選すら通過しない。

私は愕然とした。指導していた教師はきょとんとし、生徒は哀しさを見せていた。

どうしてこんなことになったのか。

まだ起きてもいない未来や、終わってしまった手術のことなどを私が憂いている間に、あれほど気にしていたはずのスクールや生徒がこんなことになってしまっていた。私は悔やんだ。でも悔やんでも仕方がない。

何とかしなくてはいけない。

その一件から私は指導の現場に戻り、自分のこれまでの経験だけを頼りに、試行錯誤しながらもふたたび生徒の指導へ自分のすべてをつぎ込むようになった。

しかし病気は待ってはくれない。前回の手術から3年目、確実に再発が確認された。セカンドオピニオンで県外2か所の病院の診断を受けた結果、どちらからも勧められた鳥取大学医学部付属病院へと転院し手術を受けることにした。

術前に医師から、今回の手術では直腸を切らなければならないこと、そのために人工肛門にしなくてはならないことを告げられていた。当時、私は41歳。その私にとって人工肛門と言う言葉はとても受け入れられるものではなかった。手術前日には人工肛門専門の看護師さんが、人工肛門をお腹のどの位置に付けるのかを検討し、油性のマジックで印を付ける。その頃の私のお腹にはメッシュが入っていたし、今とは違ってウエストはまだそれなりに細かったので人工肛門を付ける位置がなかなか決まらない。そうこうしているときに消化器外科の医師が顔を見せてくれ「人工肛門にならなければいいんだよね」と、その位置が決められず悩んでいた看護師さんに言った。そして私に向かって「何か希望はありますか」と静かに問いかけた。

「え、(いまさら)何を望むんですか」と言う私に「痛くないようにしてくれとか、傷口は目立たないようにしてくれとか、みなさんいろいろ言われますよ」と医師は答える。

「だったら、このミミズ腫れのひどい傷口はきれいにしてほしいかな…。それと、おへそ。真ん中にしてください」

その言葉を聞いた医師は「よくわかりました」とだけ言って部屋を出ていった。

お腹にはメッシュが入り、腸閉塞を何度も繰り返し、食べられるものすら制限されている私は、次には人工肛門を付けられた身体障がい者となる。食べたいものも食べられず、着たい服も着られず、やりたいことも出来なくなる私は、これからいったい何のために生きればいいのか。ただ命を長らえるためだけに、そのために生きるというのか。これから何をして生きていけばいいのだろう。

生きられること、そのものに感謝すべきだと看護師さんに諭されながら、しかしある部分納得のいかないまま手術当日を迎えた。だけど、それなりの覚悟をもって手術に臨んだ。

このときの手術は、時間にして11時間。6リットルの輸血を要する大きなものだった。

手術が終わるとこれまでも看護師さんが肩を叩いて「若佐さん、わかりますか。手術、終わりましたよ」と声をかけて起こしてくれるのだけれど、今回は違っていた。「若佐さん、わかる？　人工肛門、付いてないよ！」と起こしてくれたのだ。手術室に向かうときには覚悟を決めていたはずの私だったけれど、その言葉を聞いて思わず涙が頬を伝った。

今回の手術に際した私の場合、メッシュも入っていて、これまですでに数回の開腹手術を経験していたため、危険を冒せないからと教授陣数名が人工肛門にするべきだとの意見を譲らなかったなか、昨日の消化器外科の医師が「僕が責任をとります」と言って腸をつないでくれたのだと、後になって手術室の看護師さんが教えてくれた。おまけに「メッシュも取っておいた。腸閉塞も治してあるから、これからは何でも食べていいよ」と言ってくれた。そしておへそは真ん中にきちんと戻っていて、ミミズ腫れは数週間後にはきれいな細い線になった。

しかしながら、半年で再発。

医師からは今度こそ開腹手術をしたら人工肛門は回避できないと言われたことと、私の病気、顆粒膜細胞腫は抗がん剤治療があまり期待できないということから、放射線治療を受けることにした。

この放射線治療のおかげか、しばらく病気はおとなしくなった。病院の医師の支えもあり、私の身体は息を吹き返し、さらにバレエの指導へとアクセルを踏みこむことができた。そんな折にスクールは25周年を迎えた。もう記念公演的なものはしないでおこうと思っていたが「25周年という年月は四半世紀にあたるからお祝いすべきだよ」と周りから言われ、私も少し元気になっていたので、私の主演でバレエの名作中の名作である

「眠れる森の美女」全幕を上演することができた。

それから数年。ある日の検診で、また再発が確認される。

「今度こそ、最後の治療に入りましょう。抗がん剤治療に入ります」と医師から言われた。抗がん剤が効かないからといわれながら、最後に抗がん剤って、どういうこと？

「抗がん剤が効かないといっても0パーセントではない。最後は抗がん剤を使わないと痛みに耐えられなくて大変なんだよ」と医師は言った。「ただし、ある程度腫瘍が大きくならないとデータがとれないから、始める時期を少し待たなくてはならないが……」と言われた。

ああ、いよいよだ、と思った。

私は前の手術で人工肛門を回避してからというもの、神様から素晴らしい時間をいただいた。好きなことを好きなように、食べたいものを食べて、それなりに着飾り、さらには舞台にまで立つことができたのだ。何にも悔いはなかった。ただ、いま私が指導の現場を離れると、また数年前のように生徒たちは戸惑ってしまうのではないか。指導する側は悩むのではないか、ということが私のいちばんの心配ごとになった。

それからの私はバレエの関係者だけではなく、各スポーツの指導者らに連絡を取り、私の不安を口にし、何か助けになるものはないだろうかと尋ねて回った。そうしたところ、一人の大学教授が「あなたの探しているものは、フェルデンクライス・メソッドじゃないかな」と言ってくれた。

「フェルデンクライス・メソッド」。初めて聞く名前だった。

「フェルデンクライス・メソッド」とは簡単に説明すると、イスラエル出身の物理学者モーシェ・フェルデンクライス（Moshe Feldenkrais 1904-1984）によって創設されたソマティックエデュケーション（身体教育）で、自分の慣れ親しんだ神経パターンでの動きを、新しい神経パターンを経験させることで、より快適で心地よい動きに変えていくというものである。

フェルデンクライス・メソッドの国際公認指導者としての資格をとるのには通常4年かかるのだが、私にそんな時間は残されていない。しかしバレエを身に付けようとする子どもたちのために学びたいのなら、あなたが資格をとるべきだと背中を押され、いつ抗がん剤の治療が始まるのかもわからない中、資格取得のためのトレーニングコースへの参加を決めた。

そして不思議なことに、私自身がフェルデンクライスのレッスンを始めると、私の腫瘍は成長することをやめてしまった。定期健診でもまったく大きくなってこないので、結局、抗がん剤治療にも入れない。その様子をみて主治医は「あなたさえ良ければ、病気のことは気にせず、自覚症状が出るまで自分のしたいことをやっていいですよ」と言ってくれた。私は〝これ幸い〟とばかりに病院に通うことをやめた。

時間ができた。

私が欲しかったものが与えられたのだ。

その時期に私は文部科学省の文化交流事業でのドイツ研修に参加し、そこで様々な舞踊学校などを訪ね歩いて、ヨーロッパの舞踊教育の現場でソマティックエデュケーションを重要視していることを確認することができた。

フェルデンクライス・メソッド資格取得のトレーニングコースは年間40日間（だいたい春10日、夏20日、冬10日）を受講することが必要で、その間は仕事を休まなければならない。私の同期の仲間たちには理学療法士、看護師、ピラティスインストラクター、ヨガインストラクター、ピアニスト、チェリストなど様々な業種の、しかも専門的分野で活躍する人たちがたくさんいた。

そのトレーニングコースに通いながら、スクールの生徒の指導に少しずつフェルデンクライス・メソッドを取り入れていった。初めの頃は自分が習ったことをただ伝えることしかできなかったが、そのうちに、それがバレエにどう必要なのか、今の子たちに何が足りないのか、ということが見えてきた。そしてこのメソッドを用いてバレエを指導すれば、生徒たちにとってはこれまで苦行にしか思えなかったレッスンを、ただ楽しく、やすやすと行えるということを確認した。バレエやスポーツを始める以前の、もっと基本的な、身体の基礎の基礎を整えるものと思ってもらえたらいいかもしれない。

そして昨年には資格も取得することができた。この基礎的な動きに特化した指導を、すべての年齢（3歳から70歳代まで）の生徒に対して行い始めてから約5年が経った。

私の指導者としての悩みは消え、生徒たちは自信に満ち、心からの笑顔でレッスンするようになった。

そして今年（2020年）、世界は未曾有の新型コロナウイルス感染の脅威に脅かされている。そのためスクールもオンラインレッスンを余儀なくされて2カ月。感染対策を施して、そろそろスタジオでのレッスンに戻れるという矢先、もうすっかり忘れていたはずだった病気が、また目を覚ました。〝自覚症状〟という猛烈な痛みを伴って。

のたうち回るほどの痛みのなか、緊急入院してすぐに人工肛門を付けるための処置的手術を行った。

そして入院のまま〝最後の治療〟といわれていた抗がん剤治療が始まった。現在は3週間に1回の抗がん剤投与をしていて、その6回目を終えたところだ。髪の毛は抜け、眉毛もまつ毛もなくなった。けれども初めて人工肛門や抗がん剤という話を聞いた11年前からの年月の厚みは、私の心を強くしていた。

髪の毛がなかろうと、人工肛門が付いていようと、「フェルデンクライス・メソッド」に出会うことができた私には、もう怖いものは何もなかった。

フェルデンクライス・メソッドの教えの中に「思考、感覚、感情、動作は常に同時に存在していて、それらは独立している。そしてまた、そのうちのひとつに変化を生じさせると、それらすべてが連動して変化する」という考え方がある。分化と統合といってフェルデンクライス・メソッドの根幹にあるものだ。例えば、骨も1本ずつ自由に存在しながら、見事に連携して動きを生み出すということを目指している。こうした考え方に私は支えられ、感情と感覚が混乱してパニックになったりはしない。きっと自分の置かれている状況を、以前にも増して、俯瞰して見られるようになったからだろう。

またフェルデンクライス・メソッドのレッスンでは、あえて身体の1か所に〝制約〟を設ける。そうして、今まで動きの鈍かった別の箇所の動きを生み出させるということを行うのだけれど、今の私はまさに〝制約〟だらけの生活の中にあって、むしろ残された可能性がどんどん広がっていくことを感じることができるのだ。

生徒たちは今も私の帰りを待ち続けてくれている。次に会うときにはもう歩けないかもしれない。立てないかもしれない。けれども、その与えられた〝制約〟のおかげで、これまでできなかったことが新たに私に備わっているだろう。

彼らのために、私は生き続ける。

さぁ、みんな　レッスンをはじめましょう！

教えるということ

ここに書いているのは、世の中にいらっしゃるたくさんのバレエの先生方に向けて書いたものではありません。入院中から、私の代わりに子どもたちを指導しようとしてくれた卒業生たちのために書き綴ったものです。

文中にある指導方法はフェルデンクライス・メソッドを用いて、私が気を付けていることを書きました。それは私のこれまでの指導方とも違うので、私のもとで育った卒業生にとっても新しい情報でした。卒業生たちは帰省するたびに、今いる中高生ら生徒の成長に目を見張り、驚きを隠せませんでした。けれどさすが〝卒業生〟です。この私からの〝手紙〟を読みながら、自分自身の踊りにもそれぞれ変化が見られるようになりました。

教えるということ①

バレエに限らず人に何かを教えるときは「出来る、知識がある、経験がある」人間から、「それにまだ及ばない他者」に向けて行われる。

それを〝指導者〟、〝生徒〟とする。指導者の多くは自分の経験や感覚をもとに、自分の身体の〝地図〟を手がかりにナビゲーションしようとする。しかし生徒の身体の地図が同じでない場合、この方法は通用しない。通用しないどころか、大きな過ちを起こしてしまう。

また、よくあるパターンとして、指導者は生徒より当然のことながら完成度が高いため、自分の持つ知識や技術を披露するというか、見せびらかして、終わってしまうことが多々ある。生徒からすれば「あなたが上手かどうかではなく、私を上手にしてほしい」というのは当たり前のはずだけれども、現場では「なるほど、先生は素晴らしい。私はなんてダメなんだろう」と、自分を責め、自分の無力さだけを収穫として得る。

これでは、指導=指し示し導く、には程遠い。

あるとき英語の先生が私に言った。「エアロビクスなど、生徒を背に従えて、一緒に動きながら引っ張っていく人のことをインストラクターといいます。その点、あなたの仕事は、生徒と常に向き合い、自分が一緒に動くのではなく、生徒の動きに対して指示、アドバイスを与えています。こういう人のことを教師といいます」。

その言葉のように、私は常に、教師でありたい。

「子どもに教える」ということ

子ども（幼児）は見た目には大人の縮小版みたいだけど、中身の神経系の発達はまだまだ未熟。ついこの間まで、手と足の区別もなく口に持っていったりしていた赤ちゃんだったのでね。

なので、まずは坐骨の感覚をしっかり身に付けることが大切。

骨盤で歩いたり、座ったまま反ったり。これをすることで、上半身の動きを下半身と区別して理解させる方向へ持っていける。

きちんと床を押して立てるようになれば、何の苦労もなく自分の上半身と下半身を分化させて動けるようになる。

※ここでの上半身とは坐骨から上を指し、下半身とは大腿骨から下、つまりは脚部のことを指します。

他の部位についても、まずは分化をさせることを練習する。たまにはトランポリンでジャンプさせ、自分の中で統合させておく。

生徒が頑張れるわけ

私は15年前の発病から11年前までの4年間で、1回の腹腔鏡手術と4回の開腹手術を受けている。その頃の病院といえば「こんな病気になったのはあなたの生活習慣のせい」だとか、開腹手術の後に痛みがあると訴えても「お腹を切ったのだから痛いのは当たり前」「命が助かったのに何の文句があるの?」といった言葉を当たり前のように浴びせられた。医療関係者の皆さんを責めているわけではない。そういう時代だったのだと思う。

今回、久々に入院し手術を受けた私は、その医療の在り方の違いに驚愕した。

「痛みは我慢しないで。方法は何でもあります。それを考えるのが私たちの仕事です」と医師たちはみな言ってくれる。看護師さんも検温や点滴、注射など何か処置をするたびに、「(ご協力)ありがとうございます」と笑顔で言ってくれる。今では医師も看護師も患者も対等なのだと感じられる。それでこそ、患者である私は皆さんに甘えることができて、苦痛を訴えやすくなる。苦痛を訴えると「そうですね、それは辛いね、ではこうしましょう」と進めてくれる。そうすると私の方もどんなに苦痛であろう治療にも、頑張ってチャレンジしてみよう、乗り越えてみよう、彼らに応えたいと思うのだ。

バレエの生徒も同じなんだと気付いた。

私は、決してやさしい部類の先生ではない。けれども私を慕ってくれる生徒が少なからずいるのは、私が彼らに「才能がない、資質の問題。だから自分で努力してこい。やってても限界がある、無駄」というようなことを言ってこなかったからだ。

できないことの理由は何なのか。その本人が理解できるように、何を努力すればできるようになるかを一緒に考え、そして〝処方箋〟を提案してきた。だから、生徒の側も私に応えたいと思って、過酷なバレエの世界で頑張ってくれているのだと思う。それは常に正しい〝処方箋〟である以前に、生徒に共感し、寄り添うことなんだと改めて今回の入院生活で感じた。

生徒への触り方

生徒の身体、筋肉部分を触るとき、自分（指導者）の腕に力が入っていると、生徒側の触られた部位も必ず、同じように緊張する。

なので、筋肉を触るときはこちらの力を抜くこと。自分自身の力を抜くことは、実はとても難しい。初めのうちは、どうしても力で正しい方へと持っていってやろうとするので力が入ってしまう。けれどそうなると生徒側は、無意識に抵抗が働く。なので、指導者が頑張れば頑張るほど良い結果をもたらさない。

さするようにして、ほんの小さな力で、向かせたい方向へ誘導するように、やさしく触ることが大切。

しかし、骨に触るときは少し違う。

「この骨を支点にして反る」など指示したいときは、ピンポイントでひとつの骨を触ること。広い範囲で触ると、脳が悩む。指導者側がその位置で正しいかどうかと悩む場合であれば、その支点を少しずつずらして、いくつかの点を生徒に提案する形をとる。そうすると本人がいちばん反りやすい点を、自ら見つけてくれる。

できないことを正論だけでごり押ししてはいけない

「できないこと」に対して指導者は、できるようにするため理想的な形を指示しがちです。けれど、できない子、生徒にとっては、その理想的な形までの道は見えにくいものです。例えば、一度も訪れたことのない「宇宙での生活のように」と言われてもピンとこないようなものです。

具体的に例を上げると、お腹を出して、お尻を出して、立っている子がいるとします。その子に「お腹を引っ込めて、お尻を立てて」とか「腹筋を使って」などと言っても上手くいかないことの方が多いです。なぜなら、骨盤を立たせたことがないので、その感覚を持ち合わせていないからです。お腹を出して、お尻を出している子、生徒にとっては、お腹を出して、お尻を出しているつもりはまったくないのです。その子には、その姿勢の方が馴染があるということです。

であれば、その馴染のある姿勢を強調させます。

「もっとお腹を出して、お尻を出して!」と。すると筋肉は疲労し、本来の姿勢に（お腹を引っ込め、お尻を引っ込める）戻ろうと働きます。

それを何度が繰り返すことで、引っ込める感覚を得ることができます。そして、初めて理想的な形になろうとしはじめます。

ある日、スクールで私ではない別の教師が指導しているクラスを、私が代教することがありました。いつもその教師にお腹に力を入れて引っ込めるように指示されていた子（小学2〜3年生だったと思いますが）がいました。私もこれまでの先生の指導と同じように、何度が指示をしましたが引っ込みません。そこで「お腹の力を抜いてごらん」と、真逆のことを言ったところ、スルスルとお腹を引っ込めました。

この事例からわかるように、指導者がどんなに言葉を駆使しても伝わらないと思われることは、真逆の言葉で解決することがあるということを知っておいてください。指導者の言葉は、その子、その生徒にとって同等の感覚を持ち合わせていないものなのです。

教えるということ②

以前に書いたこととダブるかもしれませんが、もう一度、確認のために。

子どもに教えるということは、大人になった自分が得た知識を子どもに伝えても、それは伝わらない。言っても伝わらないことは感覚として与えないといけません。そのものの感覚がないのだから。

例えば、酸っぱいということ。酸っぱい食べ物を食べたことがない赤ちゃんに「酸っぱいよ」と言っても想像が働かないのと同じ。

少し酸っぱいものを食べて、変な顔をした後に、口に入れてはダメなもの「酸っぱいよ」と言って、びっくりしたような顔をすること。これが教えるということ。

問題点を見つけたら、原因はそこではないということを知ること

お尻が出ている子は顔、頭が前に行きやすい。

そこにバランスを持っているから。

そんな子には骨盤を立てることを言うのと同時に、頭の位置もアドバイスする。これは実は中学生くらいになってくると、アイデンティティが確立しはじめるので直しづらい。

だから、小さいうちに直したい。

膝が痛いとか、膝に問題を抱えているようにみえても原因はそこにないことが多い。骨盤、股関節、足首など、もしかしたら首だったりが原因だったりもする。膝が痛い子が整形外科にかかると、かえって治りが遅くなったり、問題が大きくなったりしてしまうことが多いから気を付けたい。

可逆的な動きを心がけること

「質が良い」とはどういうことかというと、無駄のない動き、無駄な筋肉を使わない動き、と言い換えることができる。

それはつまり「可逆的である」ということ。

太極拳のように、手を遠くに出すときも、戻すときも、同じテンポでゆっくりと行う。そのような流れがいちばん無駄のない動きといってもいいと思う。

バレエでもゆっくり出せる足は、ゆっくり戻せること。早く出せる足は、早く戻せること。このどちらも同じように動けることが大切。

もちろん手、上半身でも同じ。上に手を上げるときはゆっくりなのに、下ろすときに早くなったりしてはいけない。むしろ重力に逆らうように、上げるときは少し早く、下ろすときはもっとゆっくりに。それで初めて足の自由は保たれ、足でも同じことが可能になる。

一度動いたその動きを、おしまいから逆に戻って行けるか、やってみるのも面白い。

共感するということ

生まれたての赤ちゃんは、泣くことで自分に関心が向けられるということを知る。だんだん知恵がついてくると、取り立てて問題（お腹が空いた、オムツを変えてほしいなど）がなくても、泣いてみる。すると必ずお母さんか、あるいは別の保護者がたちまち抱っこしてくれることで〝信頼〟ということを学ぶのだと聞いたことがある。

生徒と指導者との関係も、それが必要だろうと思う。

生徒側が「これで良いだろう！」と自信を持っているときに、すぐに気付いてやること。だけどここからは、赤ちゃんとお母さんの関係とは異なる。指導者だから。

生徒本人が自信を持っている、ということをまず受け止める。そして、次にはそれで良いのか、まだ足りないのか、方向性自体を変えなければいけないのか、の指示をしてやらないといけない。または生徒本人が自信のないときに、「できないことにぶち当たっているね」と受け止めてやる姿勢。そして、ではどうすれば解決するかを指示するか、指導者も分からない場合は一緒に考えるという姿勢を示すことが共感につながる。

生徒と指導者との間で、それらが共感し合えれば、それが信頼となり、生徒はその指導者の指導に全面的について行くことができるようになると思う。

これは私が生徒の立場で思ってきたこと。そして自分なりに指導者として考えて取り組んできたこと。もちろん完璧ではなかったし、そんなふうに上手く導けなかった生徒も多くいただろう。だけど、指導者は失敗を恐れないで、生徒と向き合うことが大切。

努力しても上手くいかないと、嘆きたくなるとき

努力しても、上手くいかないと嘆きたくなるとき。そんなときって、だれでもあるよね。

昔、夏に短期で行ったモスクワでの講習会で、モスクワバレエアカデミーの先生から言われた言葉が、その後、私の中でのすごく大切な言葉になっている。

「教えている生徒にできないことがあるときは、ひとつ簡単なことをさせること。それでもできないときは、またさらに簡単なことをさせること。生徒ができないのは、生徒がダメなのではなく、指導者が、その生徒の実力よりも難しいことをさせているから」

つらい、できない、そんなときは一歩下がって見てみよう。何か見つかるかもしれない。人はだれでも、目の前のことを解決していかないと、次には進めない。

教えるということについて、さらに

以前にも書きましたが、まずは教える立場になる場合、様々な技術、理論的理解、知識は必要だけれど、それらは道具にしか過ぎないことを、指導者は肝に命じるべきです。そしてまた、今教えている対象の子、生徒に、どこまでを要求するのかの上限を設けることも必要です。

例えば「今日はここまでできればＯＫ」ということを明確にすること。それを忘れると、生徒が一生懸命に挑んだ功績をおろそかにし、まだダメだというメッセージを与えかねないからです。そこの加減が難しい。今できることの少し上を常に課題として与えられることが良い指導者だと思う。

変な例えに聞こえるかもしれないけど、今日、病院の入り口で2歳くらいの子がすごい声で泣いていました。その子に向かってお母さんが「大きな声で泣かないで！って、何度も言ってるでしょ。もう止めて！」と叫んでいました。そんなふうに言うから、よけいに子どもはさらに大きい声で泣く。泣き声は病院中に響き渡っていました。「大きな声で泣くことは他の人の迷惑になる。泣いても仕方ない」と大人である母親は知っている。だからそう言うのだけれど、傍からみると、こんな小さな子にそんなこと言ったってしょうがないじゃないかとわかる。本当の答えは言葉で正論をぶちまけるのではなく、子供にとっての不快なことを改善してやることである。

指導も同じだということ。

啐啄同時

雛鳥が卵からかえるときに内側から殻を突く、そのタイミングを見計らって、親鳥も殻の外から突いて、殻を破るということ。

指導とは、まさにこれ。

生徒がまだ殻の中で、生まれる準備ができていないときに、指導者がどんなに殻の外から突いても、無駄に終わるだけではなく、生まれるはずだった雛、つまりは生徒をつぶしてしまうよ、ということがある。

この頃合いを見定めることが、指導者には問われることを忘れてはいけない。とても難しいことだけれど。

この生徒の時期を見計らうには、その子の年齢、経験などが主な基準になってはいないだろうか。フェルデンクライス・メソッド的にいうと、神経系の発達など個人差があることを考慮しないといけない。そして、殻を突いてみたけれど反応が返ってこない、もしくは反応が薄い場合は、ごり押しせず、ひとつ手前に戻ること。生徒にとってはまだ〝雛〟にはなりきっていなかったってこと。そんなときには、その生徒のもうひとつ手前の〝殻〟を探してみる。それでもダメなら、その子の年齢に惑わされることなく、またさらにひとつ手前の〝殻〟を探してみる。

そんなふうにして、きちんと反応できる〝雛〟に出会えて、生徒と指導者の2人でその殻を破ることができたら、その先は遅くても確実に、ドミノのように芋づる式に動き始める。

指導は強制であってはならない

これはなかなか難しい問題。バレエやダンスだけでなく、スポーツも勉強も、もしかしたら現場は同じようなものかもしれない。

指導=強制

例えば古いけれど「巨人の星」という漫画がありました。貧しいながらもプロ野球選手を目指す父と子の物語。そのなかに「大リーグ養成ギブス」というものが出てきます。身体の動きを正しい方向へ力技で持っていこうとする発想は、正しい方向を知っている指導者ならだれもが考え付く。けれど、これは強制であって指導ではない。
指導とは、前にも書いたけれど、指し示し導くこと。
つまり生徒本人が、その正しいとされる位置へ、自らの力で行くように導くことが大切。そこに言葉での強制、脅迫じみたことを繰り返しても結果は生まれない。

では、どうするか。

1．その生徒を観察すること。このときにすべてを論理立てて理解しようとしないこと。ただ単純に観察する。けっこう難しいけれどね。

2．次に、この生徒の特長をとらえること。（1.と2.を同時にスタートさせてしまいがちなので、ここ、重要です。）

3．2.でとらえた生徒の特長を強調するようにさせてみる。例えば出っ尻なら、それをさらに強調させること。

4．3.の動きに疲れて戻ろうとするときに、少し手を添えたり声掛けすることで、出っ尻とは反対の姿勢を身に付ける。これは前にも事例を書きましたが、この1.から4.を繰り返します。生徒の「心地よい！」「できた！」という自らの気付きが伴わないと、次にはつながりません。

これは人間関係でも同じ。

1．相手を判断なしに、まずは受け止めること。ここでは受け入れようとしないこと。（受け止めるはありのままを見ること。受け入れるは相手と自分との相違をなくそうと努力すること。）

2．自分との相違を明確にする。

3．相手の思っていること、やりたいことを尊重すること。

4．そして相手も自分の意見の中に矛盾を感じる頃に、こちらの意見を手を添えるように伝える。

という感じだとは思うけど、私も出来ているかは微妙。けれども何か難題な局面や難しい相手に出会ったときには、これを頭に思い浮かべると、少しは落ち着いて対処できるはず。

お試しあれ。

指導者として本当に必要なこと

私は一人息子が13歳のときに発病した。シングルマザーになって1年しか経っていなかった。「この子が成人するまで、面倒を見られないかもしれない」と思い、私は息子のために何ができるだろうかと考えた。

お金を貯める？

何かを書き残す？

当時はいろいろ考えたと思う。

けれども、結果的には、息子にどんな大人になってほしいかを考えて、その生き方を私が生きている間に実践するしかない、と思った。私がいなくなったとき、息子が何かで悩んだら、「ああ、あのときお母さんはこうしていたよな」と思い出すだろうと思うから。

バレエスクールでも、同じ。

生徒にどんなダンサーになってほしいか。
どんな大人になってほしいか。
どんなふうにバレエと関わってほしいか。

それを考えているだけ…。

だから今は病気がどんな状態であろうと、自分からは投げ出さない、あきらめない、そしてバレエが古典であることを忘れない。

ただ、それだけをわがままにやっているだけ。たとえマルコメ君（坊主頭）だろうと、眉毛、まつ毛、鼻毛までなかろうと、それが私が生きているということだから…。

頑張らないこと

私はよく生徒に「頑張るな！」「頑張れ！」と一見矛盾したことを言ってきた。なぜなら生徒のなかにある〝頑張り〟は、時として〝力む〟ことであったから。「頑張る」とスマホで打つと💪というマークが出てくるでしょう。動物的にも、頑張る＝耐える＝力む、という構図があるように思う。

力むと固まって身体の自由度は減ってしまう。つまりは質の悪い動きということ。燃費が悪いとも言ったよね。だから疲れすぎるのは練習のやり方が悪いということが多々ある。なのに、それを達成感と勘違いしてしまう生徒も結構いたりする。

努力するということは、力むこととは違うということをわかってほしい。

からだの動きについて

毎日、色々な事を思いついた順に書き綴ってきたものを、項目ごとにまとめています。

ここではバレエに限らず体を使うスポーツ、ダンスに携わる多くの人が必要とするであろう内容を集めました。

膝を伸ばすということ

バレエの指導の現場でよくある「お膝を伸ばしましょう」という指導について。
バレエの場合は、特に膝が伸びないと、その後の様々な動きがすべて質の悪いものになってしまう。（過伸展の場合もよくない）
今や、バレエはもちろんだが、その他の芸術であれスポーツであれ、「動きの質」を問われるようになっている。

質　＝　いかに無駄な力なく動けているか

この質を高めるためにも、質の良い立ち姿を獲得してからでないと、様々な動きを習得することは難しい。

「お膝を伸ばして！」と言われるとき、もともと伸びる子にとってはなんでもないことだけれど、伸びない子にとっては苦難になる。そうすると、伸びない子はさらに努力をしようとして、膝の周辺に力を入れて強張らせてしまう。そうすると伸びるものもよけいに伸びなくさせてしまう。

太腿の後ろの筋肉の力を抜くこと。

これが膝を伸ばすために必要なこと。脳みそが「筋肉をそんなに収縮させなくても膝って曲がるんだな、動くんだな」と感じるようにすることが大切。

そうすることで、ハムストリングの収縮が抑えられていき、膝は伸びる感覚を持てるようになっていく。

「立つ」ということ

バレエに限らないが、立ち姿を直すことが上達の第一歩であり、基本中の基本。

指導者によっては「お尻を締めて」「お尻の穴を下に向けて」「胸を張って」「顎を上げて」とナビゲーションする。しかし、これらは生徒にとってなんら意味をなさないことの方が多い。なぜかというと、自分の感覚で長年植えつけられた「立ちやすさ」とはほど遠いためである。

楽　＝　慣れ

ということがある。しかし、本来の「楽」とは、無駄な力を使わず骨で立つということ。本当の「楽」を得れば、本人は必ずその「楽」を探し出せるようになる。

〈心ちゃんの例〉

彼女は若干、腹筋の感覚が弱い。立っていてもアライメントがはっきりしない。つまり骨で立つ感覚を掴めていない。ＬＩＮＥで指示を出し、本人が何度か取り組んだ結果、無理なく立つ感覚を得ることができました。まだゆらゆらしているのは、自分のこれまでの癖や経験と、新しく覚えた立ちやすさの感覚とを行ったり来たり味わっているところです。

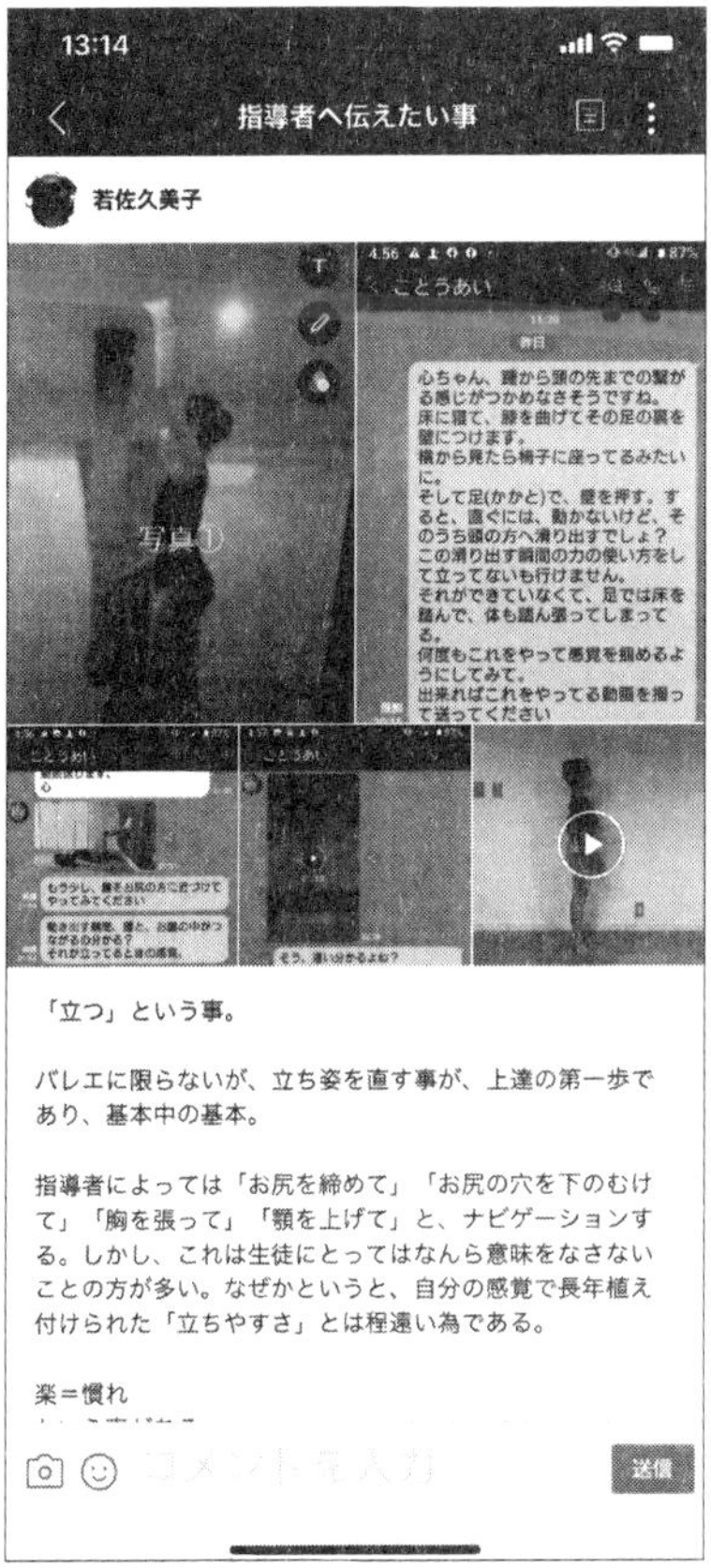

手を動かすこと（ポール・ド・ブラ）について

大人（10歳以上）は、模型を使い、鎖骨、肩甲骨、上腕骨、前腕骨とパーツを区別することから、〈肩甲上腕リズム〉を理解させることで、ほとんどの動きが滑らかになる。腕を上げていくと、肩甲骨が自然にどんな動きをするのかをお互いにやってみることで理解できる。そうすれば、僧帽筋を使って腕を上げているのではないことがよくわかる。

しかし小さい子（幼児）たちには難しい。

腕を頭より上にあげること自体が、かなりの重労働だったりする。例えば赤ちゃんが万歳をする姿を想像してほしい。大人のそれとは明らかに違う。言葉にするのは乱暴だけれど、犬や猫たちが万歳するのが難しいくらいのイメージで思ってほしい。腕を上げるためには、肋骨の動き、腹筋などたくさんの要素をもって上げれるようになるので、キッズクラス（小学校低学年）の子たちにアンオー（頭の上に手を上げたポジション）のクオリティを求めてはいけない。

その前に、指遊びをたくさんして、肘、肩を強張らせない身体を作ることが大切。大人でも指が自由に動くほどの柔らかさが必要。5本の指をしばって腕を動かしてみると、動かしづらいことに気づくでしょう。

いつも指は柔らかく、自由に。

モデルはちょっと力みのある中学生の桃香ちゃん

目玉と背骨の関係

パリ・オペラ座のバレエ学校の生徒のレッスン風景を昔テレビで見たことがあります。当時、新しくなった校舎での模様を収録したものでした。

そこに演技のクラスだったのか、いわゆる踊るクラスではない場面がありました。そこでは、目玉を上に、下に、右に、左に。今度はぐるぐると回して。これを練習した後は「蜂が飛んできた！あなたの鼻の上に止まった（そこで驚く）。しばらくそこでうろうろしていた蜂がまた飛び立っていく」というようなお題をみんながこなすというものでした。

そのときは面白いなとは思ったけれど、特段の意味は感じずにいました。ところがフェルデンクライス・メソッドと出会って、今は、目の動きがいちばん大切で、これが脳と背骨をつないでいることを強く感じています。

どんなに姿勢を正しても、目線が上がらないと何かしら決まらない感じって、側から見ているとあるでしょう。

「あの人、すっごく動けるけど、魅力的じゃない」とか。
それは目です。

目の動かし方。

遠くを見る。近くを見る。ゆっくりスキップせずに目玉を動かすことができる。
これらが表現力を大きくコントロールします。

だからクラスでも、たまには音楽に合わせて、目玉を動かす体操をしてください。けっこう難しいよ。

胸はアイデンティティを司る

深呼吸をして胸を開くと、気分が良くなったり、目が覚めるような気持ちになったりすることはだれでも経験したことがあると思う。

姿勢を決めるのは背骨だと思っている人が多いが、実は胸、肋骨が大いに影響している。フェルデンクライス・メソッドで肋骨を触ったりするが、この場所はアイデンティティを司っているため、慎重を期しておこなわれる。正しい、理想的な姿勢を指示しても、本人が受け取れなければ直っていかない。それがいわゆる〝癖〟というもの。

例えばSF映画にあるように、ある日突然性別が変わっていたとしても、「あれっ、そうなの？　今日から男ね！」とすぐさま受け入れることができないように、自分自身を構成している身体の一部が変わることは、本人にとっては受け入れがたいものであるから、脳が混乱してしまう。

なので、直すのは時間をかけて、毎回根気よく身体全体の癖を取ることが大切。

股関節を理解させるには

脚の付け根からアン・ドゥ・オールをさせるためには、股関節がどこにあるかが分からないとできません。

しかし、実際の股関節というものは触れることが出来ません。

では、どうやってイメージさせるのかというと、まずは大転子を触らせることからします。

1. 床に横向きに寝させて、大腿骨が背骨と直角、さらに脛骨が大腿骨と直角、背骨と並行になるようにします。
2. 上側になっている手で、お尻のところで床から見ていちばん高いところを探します。分からない場合は、上から板みたいなものを床に平行に下ろしてみて、それが当たるところ。
3. そこに同じ側（上側）にある手の平を当てます。
4. 足の踵と指先は左右の足がついたまま、上側の膝だけを持ち上げます。何度かやってみて。

5．今度は逆に、膝は左右つけたままで上側の足先だけを持ち上げます。脛骨が床と垂直になるように動くのが分かります。それをしながらも、手は大転子を触っています。何回か足先を上げたり戻したりします。

6．1.から5.をすると大転子が動いていることがよくわかります。

7．骨格模型を見せて「さっき触っていたのはここ」と言って大転子を指します。模型で、大腿骨骨頭と、大転子の違いを見せます。

これで子どもたちはアン・ドゥ・オールとは何をしているのか、の意識が変わります。レッスン中には立った状態で、足を肩幅くらいにパラレルに開いて、大腿骨（太腿）を触らせて出っ尻にしたり、引っ込めたりをします。そうすると開く（アン・ドゥ・オールの）ときに、骨盤（お尻）がどう動こうとしているのか、逆に閉じる（アン・デ・ダンの）ときにはどうなるのか、と言いながらやったりもします。

そうすると子どもたちの頭の中で、さっき見た模型の大腿骨が動き出し、その動きに合わせて骨盤が前傾（出っ尻）したり後傾（背中が丸くなる）したりするので、骨盤と股関節の関係を掴めるようになるよ。

すると、「お尻（骨盤）立てないと、きちんとアン・ドゥ・オールできないね」と言えば、自分の中で答えを探し始めます。これはできれば小学4年から5年までにはやりたいこと。あまり早いと難しく、遅いと感覚が掴めても実際に落とし込むのが難しくなります。

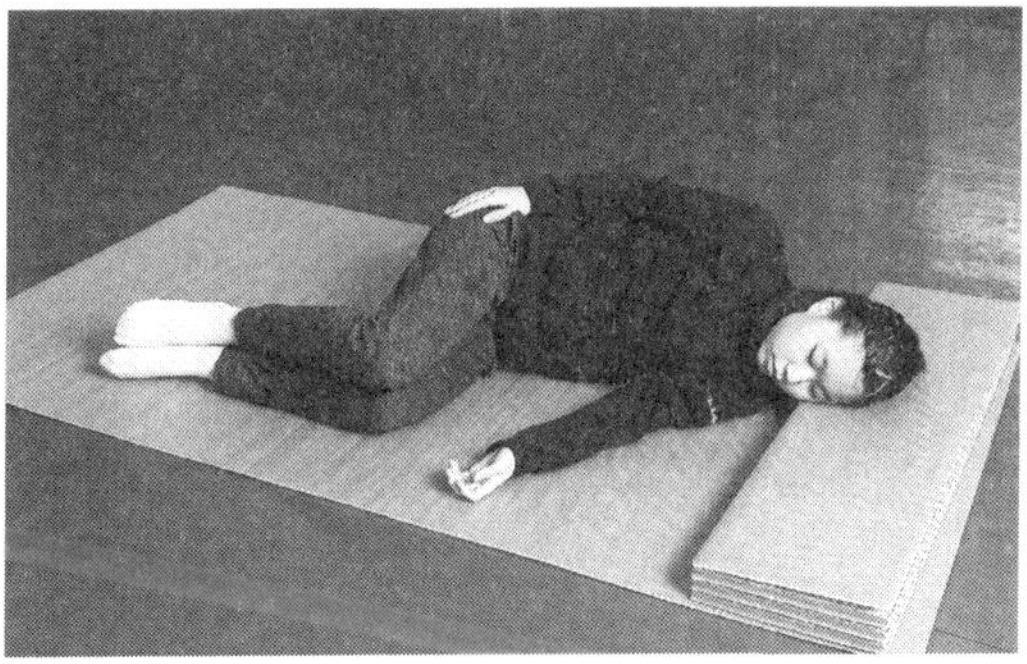

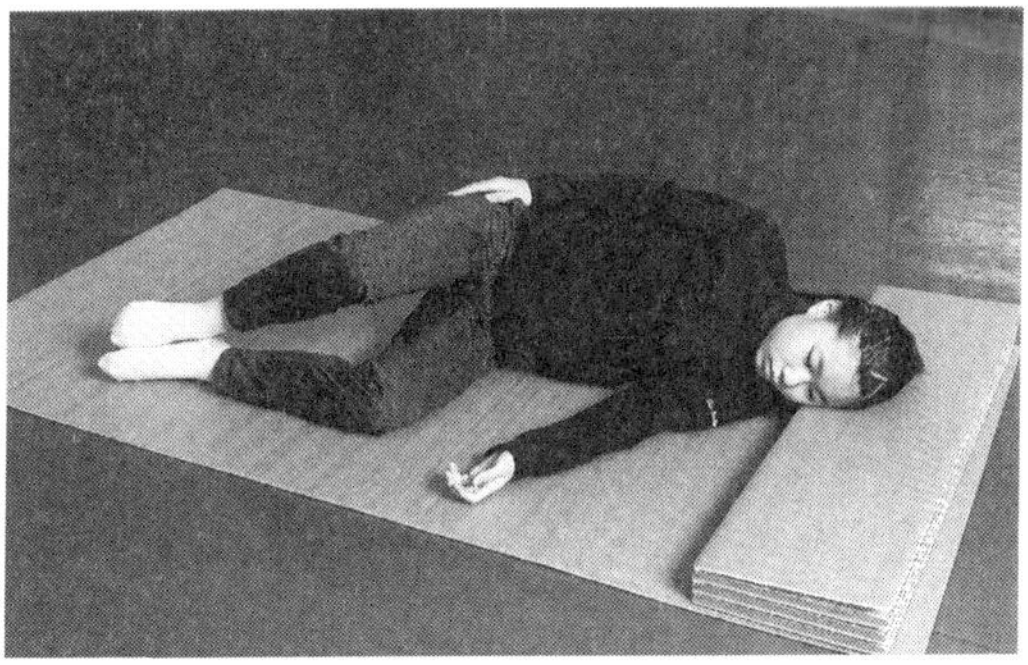

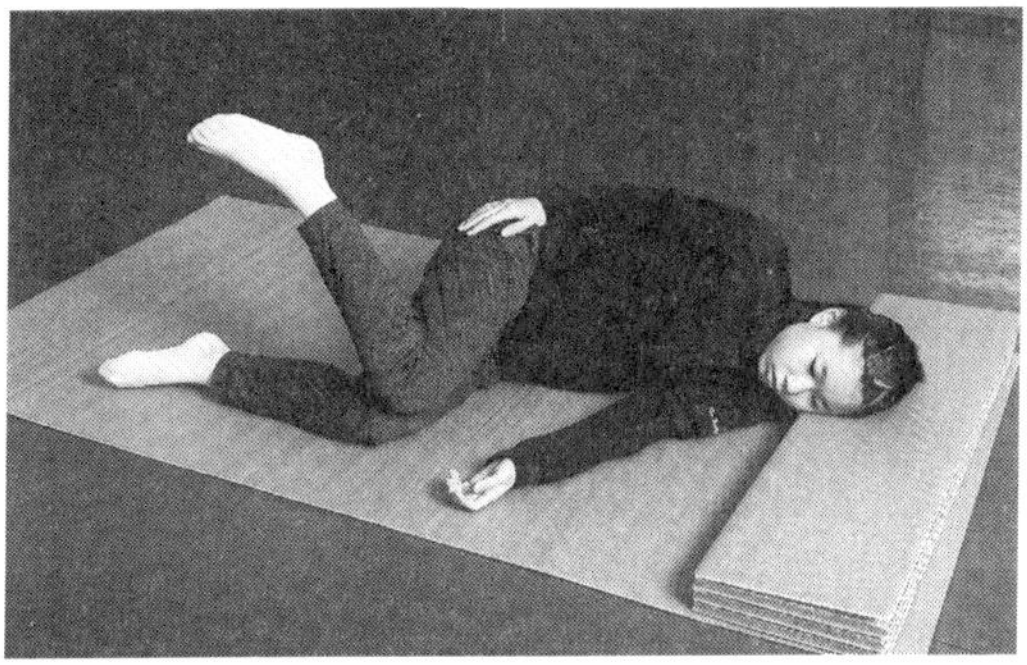

「背骨を決める」、これが先

指導の際に「手が遅い」という指摘をすることがよくある。足が先に決まってしまってから、手、頭と形作る生徒が多いからである。

これは当然ながら、自分の身を守るため、足場を固めないと脳を守れないという本能的なことからきていると思う。

けれどもバレエやスポーツなど運動能力を問われる場面では、これではスムーズに身体は動かないし、テクニックは上達していかない。

では、どうするべきか。

次の動きへ移るときには、必ずプリエ（一般的にいうとしゃがんだ姿勢）を伴う。このプリエのときに、次の動きでの、できあがりの背骨の空間的な形なるものを想像できていないといけない。

プリエから次のポーズ、ポジションへ、どのような動きで背骨が決まるのかを想像できれば、プリエを使って床を足が蹴るときには、いちはやく背骨がその方向に向かって動き出している。それで初めて足に負担なく身体が引き上がり、ポワントでのポーズが可能になる。

「ピケ・アラベスク」などに「ピケ」という言葉が付いているのは、このように上半身が先に引き上がり始めるので、軸足になる足があとから床に突き刺さることを意味している。

オリンピックなどで世界的に活躍する器械体操の選手などが、小さな人形を使って自分の動きを研究している様子をテレビで見たことがある。バレエでも同じように人形などを使って、自分の動きを客観的にイメージすることは効果的だと思う。

滑らかな背骨をつくるためには

背骨は椎骨の1つずつが孤立して、さらに統合されて滑らかに動く必要がある。例えば夜店などで売られているヘビのおもちゃの動きのように。このような身体を作るために、ロングポールを使って身体を整えていくやり方を紹介する。

1. ロングポールの端に腰掛け、ポールに沿って背骨が当たるように寝る。
2. そのまましばらく力を抜いて寝る。
3. 足はそのまま、膝を立てて、ゆっくりと頭を左右どちらかを向かせ、ポールから滑らせて床に近づける。
4. 骨盤を3.の頭を向けた反対の方向へ少し滑らせる。足は膝を立てたまま。
5. 4.の状態のまま20秒数える。
6. ゆっくりと2.の状態へ戻る。
7. 3.~6.を反対側へ同じようにやる。

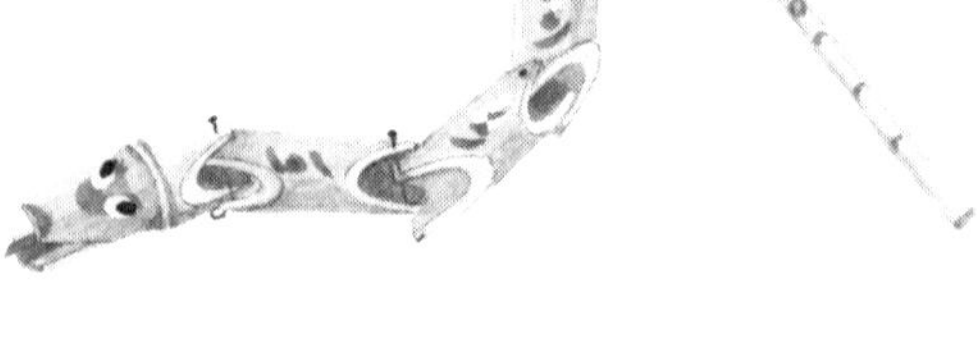

8．3.～7.をもう一度繰り返す。

9．左右どちらかに転がってポールからゆっくりと降りて、平らな床に横たわってしばらく休む。

※慣れてきたら3.～7.を、リズムを付けて数回できるようにする。

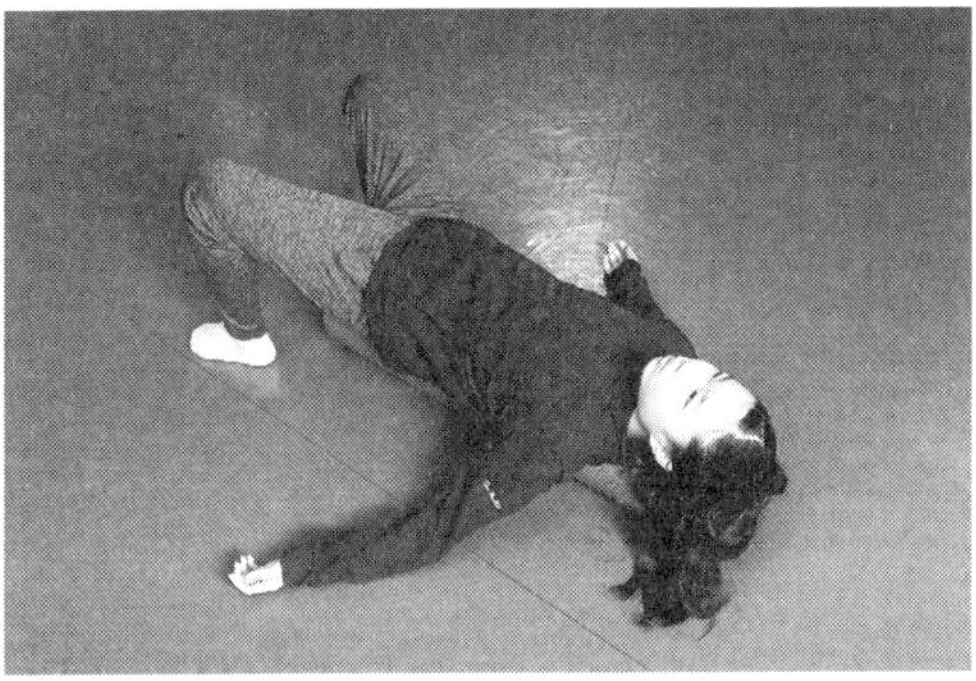

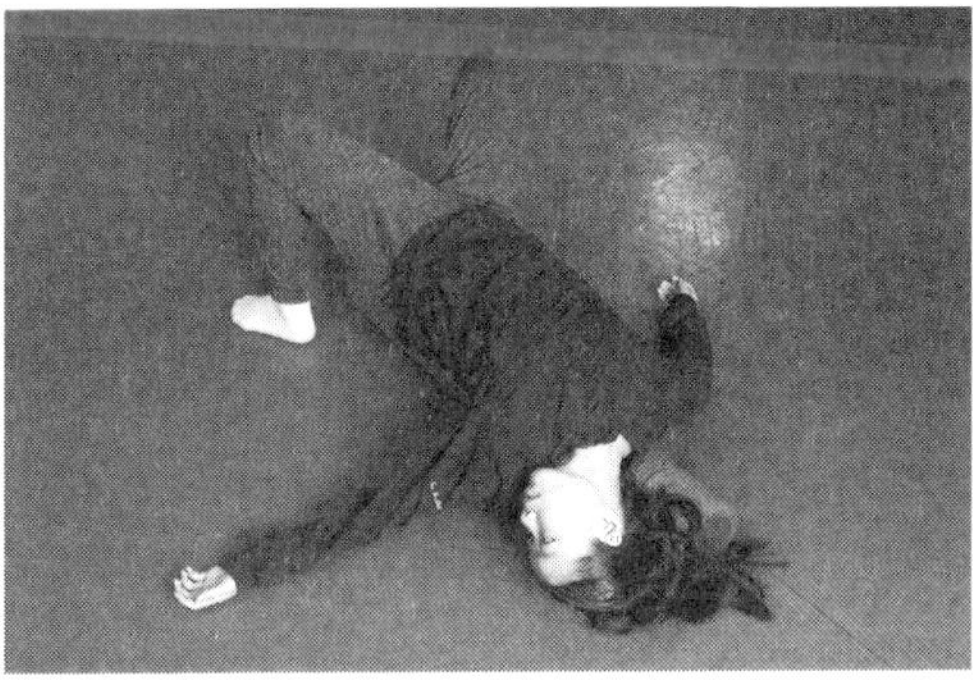

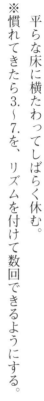

遠位と近位

私が指導している子たちには「遠位と近位」ということについて何度も話をしている。身体の2か所をとって、より身体の中心に近い方を近位。より遠いところを遠位とする。当たり前のことだけれど、このことを意識的に分かっているのと、分かっていないのでは、全く違う。小学生には「手の先と、お肘。どっちが遠位？　近位はどっち？」くらいなことしか言わないけれど、それを何度も言う。

頭と四肢は常に遠位を、さらに遠くへと意識させることで、例えばアラセゴンド（横）へ上げた脚にお尻が付いていかず、床を押してお腹を引き上げ、さらに遠くへ脚を出すことができる。

脚を上げているのは、脚の筋肉ではないのだから。

これによって踊りはより大きくなり、舞台での存在感を増していく。

制約

フェルデンクライス・メソッドでは必ず〝制約〟を設定して、身体の動きに制限を持たせ、別の個所の動きを生み出すということをやる。

例えばバーレッスンのときに、めったやたらに持った手の場所を変えたりしないようにすることは大切なのだけれど、それはひとの〝制約〟。その制約によって、肋骨の動きを活性化させることにつながっていたりする。

椎骨が自由に動き続けることが大切。そのためにバーレッスンのときは、肩の位置が基本的に決まっていることが〝制約〟。

そこをしっかりやってから、エポールマン、つまり肩、胸をよじる動きを加えていくことが理想である。

センターラインと5ライン

いちばん初めに伝えないといけないことだったかな。

まず床に寝転がって、自分の身体を頭の中で観察します。頭のてっぺんから尾骨までラインを引きます。頭のてっぺんからその先までと、尾骨から脚の間を通ってその先までのラインを延長させます。これが自分の〝センターライン〟です。

生徒を仰向けに寝させて、このセンターラインを感じる、意識できるようにさせます。

意識できるようになったら、実際に立って踊るときに「センターラインを意識して！」とたまに声をかけます。

それだけでいい。

下手な理屈なんかはいらない。

そうすると自分の身体の輪郭ではなく、センターに意識がいくことによって、動きのクオリティは上がります。

※5ラインとは、このセンターラインの他に、センターラインに対してクロスする、右肩と左肩を結んだラインと、右腸骨稜と左腸骨稜を結んだラインから出ている右手、左手、右足、左足の4つのラインのことをいいます。

ダンサーが自分の動きを意識するには、この5ラインを意識するようにさせること。

ただそれだけで動きは変わってきます。

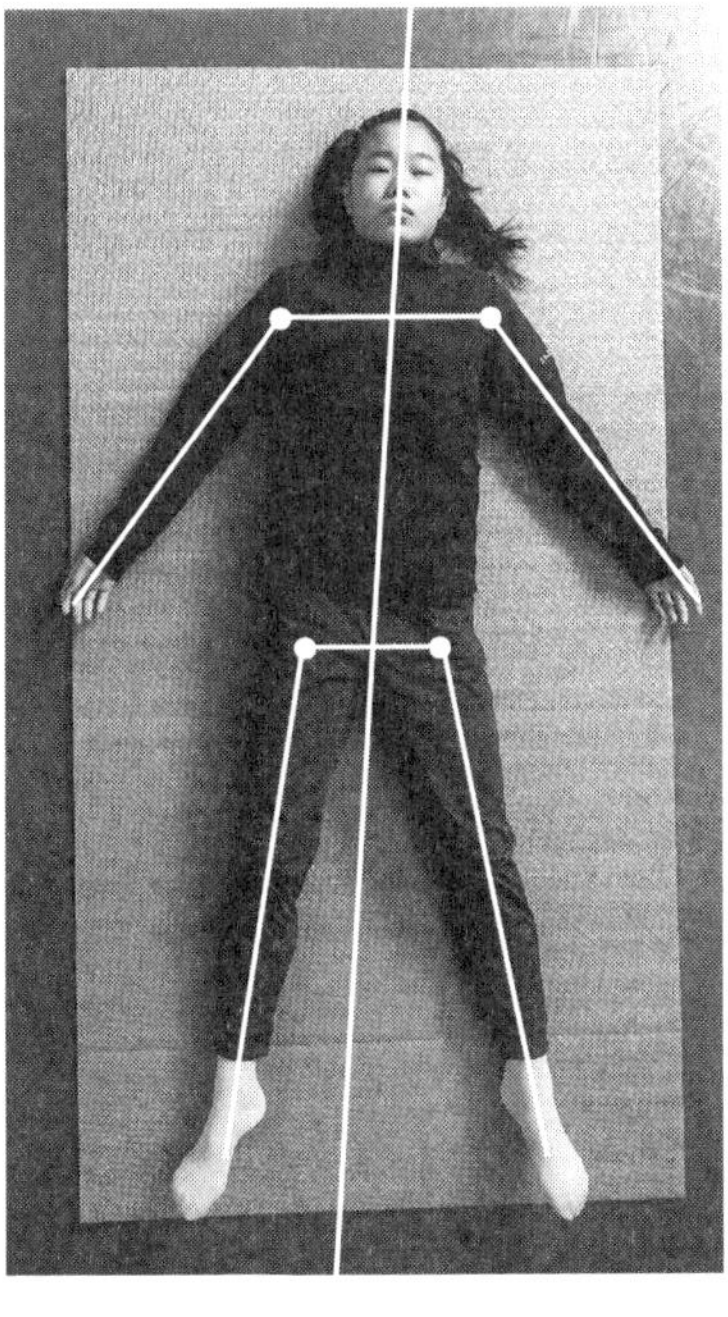

質の良い動き＝エレガントな動き

これまでに言っていたつもりでしたが、読み返すと、この話、まだ書いてなかったね。ごめん。

質の良い動きとは何か。

無駄な力を使わない動きのことを、質の良い動きという。

筋肉は主に縮まることしかできないので、筋肉に意識を持たせるとどうしても無駄な力が働いてしまう。なので、フェルデンクライス・メソッドではまったくと言っていいほど筋肉の話はしない。骨と重力との関係性を用いて動きを生むことをひたすらやる。そうすることで、無駄な筋肉を使わずに動きを生む。

バレエの指導の現場では、筋肉を使うことを求めるケースが多いように思う。例えば「内腿の筋肉を使って」などと言う。けれど、これは筋肉に命令すれば、即、使えるというものではない。意地悪く言えば「内腿、使えてないよ！」と指摘しやすい。けれど、そう指摘されても生徒の側は、できていないというレッテルを貼られるだけで、何も解決には至らない。そういうことをなくすには、床を使って骨で身体を支えることで、自然に大腿四頭筋を使わずに、身体、動きを支えられるように導くことが大切になる。この部分は「フォンジュなどをするときの片足でのドゥミプリエに気をつけて」に書いたことを参照してください。

ただ歩いているだけでも、品の「ある」「ない」がある。

筋肉を意識するのではなく、骨で身体を支えることが可能になれば、無駄な動きが省かれ、質の良い動き、つまりはエレガントな、品のある動きになる。

だから昔、洋の東西を問わず、王家や貴族の子女たちが舞踊を教養として学んだのだろう。ちなみに、無駄な動きを極力省いた所作、という意味においては茶道も同じことがいえる。

巻き肩、いかり肩を直すには

骨格的に腕とは、胸鎖関節からはじまります。肋骨の上に、鎖骨、肩甲骨、上腕骨という骨のグループが乗っかっているだけ。それが年齢的にある程度成長している生徒のなかには、肩山が前に巻き込んだようになって猫背気味になっている人がいることがあるでしょう。

これを直すには、どうするか。

「猫背矯正」なるブラジャー等も存在するようですが、効果の程は私には分かりませんので、ここでは敢えて触れません。これまでのフェルデンクライス・メソッドの考え方を伝えたなかで、この方法がフェルデンクライス・メソッド的かどうか、分かると思います。

なぜ「巻き肩」「猫背」になるのでしょうか。

こういう体型のダンサー、生徒は「私の骨は前に付いている」と訴えます。では、その骨はどのようにしてそこに付いてしまったのでしょう。骨と骨は関節でつながりますが、いちばん最初に言ったように、肩は肋骨とは関節でつながっていないので、よほどの事情がない限り、骨の問題ではないのです。骨じゃないとしたら?……、筋肉です。

「手を伸ばす」のところでも言いますが、鎖骨周りを伸びやかにすることができないと、表現方法のひとつのアロンジェの効果が期待できません。アロンジェは、バレエ用語で「伸ばす」「引っ張る」という意味でつかわれます。

何度も言っているように、筋肉は自ら伸びたりしません。相反する筋肉の収縮によってしか伸びるということはないのですが、ここでの問題は、その伸びたいはずの筋肉が固まっていて、伸びる状態にないことです。

単純な、鎖骨周りの筋肉を伸ばす方法は次の通り。

まず仰向けに寝て、右腕で自分を抱きかかえるように左の肩を床から持ち上げます。そしてゆっくり離して休める。これを何度かします。そうするだけで肩山が、床に近づいていることに気付けるでしょう。もちろん反対側も。または、上半身全部が乗れる長さのストレッチ用ポールに、背骨がポールに沿うように寝ます。そうすると、肩甲骨はポールに乗っていないので、しばらくすると重力で肩甲骨が少し床の方へ下がっていくのを感じられるでしょう。こうして鎖骨周りの筋肉の力を抜いていきます。

後は、筋膜が張り付いてしまっていることも考えられます。その場合は、筋膜リリースも必要。ゴルフボールで鎖骨の下辺りをコロコロ転がします。初めはものすごく痛いかも。けれど少しずつ、毎日やることで確実に肩の位置は変わります。巻き肩だけでなく、いかり肩のように肩の上がる人や、首の短く感じられる人にもぜひおすすめです。

指導者として理解が必要なことは、人は自分の意志では簡単に力が抜けない、ということ。

リズム感とは

踊るためにはカウントを取る練習が必要なのだけど、これは、本人の持っている身体のリズム感とは別。音楽を聴いて、それを自分の身体のリズムとすり合わせることができる子を、音感（リズム感）が良い子と言えるのだと思う。

その身体のリズム感とは何かというと、跳ぶために踏み切った後、どのような間で飛ぶのか、のリズム。これは自分の身体に自然と備わっていたりするもの。これを何も難しく考えずにジャンプするリズムを持っているかどうか。こういう子は運動神経は悪くない。逆に、自分ではこれぐらい跳ぼうと思っているのに、どんなふうに準備の踏み切りをすればいいのか、まったく自分の中にリズムのない子もいる。つまり身体のリズムがないということ。

前者の場合は、カウントを取る練習を重ねて、自分の身体のリズムと音とを合わせることを学ばせる。後者は、カウントは上手に取れるけれど、そこに自分の動作が組み込めなかったりするので、これらの子も何度も音楽に合わせて簡単な動きとともにカウントを取る練習をさせること。これが音楽性を養うスタートとなる。

すべての動きは初動で決まる

これまでいろいろな方法を伝えてきたけれど、いちばん大切なことを伝えるの、忘れてた！

すべての動きは初動にあり！

なんだか刑事ドラマみたいなことを言っていますが…。例えばピルエットを練習するとしましょう。

そのピルエットができなかったら、指導者はたいていの場合、プリエを踏んでいないことやプリエから立ち上がることの問題点、首の付け方、腕のタイミングなどを指摘すると思います。それは決して間違っているわけではありませんし、それで解決できる場合は、本当にそこが問題だったのでしょう。

けれども、私が伝えたいのは、指導者が的確に注意を与えているようであるにも関わらず、結果的に改善が見られない場合のことです。

その場合は、指導者が指摘したその前の動作がどうであったかを確認すること。そこに問題がなければその前、というふうにして、その動きがどの部位から始まったのかを追求していきます。

例えば、単純に、伸ばした腕の肘を曲げるとします。

それは、肘から始まりましたか？
それとも遠位の指の先から始まりましたか？
いやいや、肩のあたりから動いていますか？

というように観察できるようにしたいですね。些細なことだけれど、ここを無視して表面的なことに捕らわれていると、なかなか直すことができなくなります。

面倒くさいかもしれないけれど、そうすることで多くの問題点は解決に近づいていくよ。

なので、指導者は正確なテクニックを何度か目にする必要があります。つまり、目利きだよね。生徒を一度に見ていても、そのなかのだれかが違うことをしたら、すぐに察知して指摘できること。まさに目利き。

これは骨董品の目利きの人の話。たくさんある優れた茶碗の中に、偽物が混ざっていたらすぐに分かるって。理屈じゃないんだって。

とにかく初動が大切。

基本的な歩き方

普通の人はあまり知らない、いや、バレエ関係者ほど知らないかもしれない〝普通の歩き方〟のご紹介。出した足は踵から着地し、次にその体重は小指側に移り、最後に親指で蹴る。を繰り返しています。

しかしバレエの場合は、爪先から着地しなければなりません〝しなければならない〟というのはちょっと違うかな。

〝そうなってしまうほど、腰の位置が高く保たれている〟が正しいのかな。いずれにしても、足は地面の方へ長く使うことで、骨盤から上はその反力で引き上がっていることが大切です。

踵が持ち上がっているからといって、踵から上が全部持ちあがろうとすると、ぎこちない動きにしかなりません。

なので、繰り返しになりますが、バーレッスンのときから床を押せる身体を作ることが大切。

ハイヒールを履いたときも同様です。

ハイヒールだからといって爪先立ちになるのは、足を太くするだけです。しっかり踵で床を押せる靴を選びましょう。安いハイヒールだと初めから踵が不安定なものが多いと思います。そんな靴を履いてはダメ。少々お高くても踵に体重をかけられる靴を探すこと。Perfume（パフューム）という女性3人組のグループの彼女たちは、高いハイヒールを履いてダンスをしながら歌うことで有名です。彼女たちのハイヒールはどこかのメーカーとコラボして計算されて作られているため、少々値が張りますが、足にはやさしいとのこと。

だからハイヒールを履いて、しっかり床を押して、背骨（椎骨）は自由になっていると、エレガントな美しい歩き方ができるはず。社交ダンスなどでもいえることだね。

爪先の強化について

いろいろな理論や訓練法は探せば見つかるかららここではあえて言わないけれど、レッスン前やお風呂上りに、足の5本の指をやさしく1本ずつ動かすこと。

まずはひとつの関節ずつ左右　前後、捻じるをやっていく。

そのあと、指を1本ずつ軽く回す。

そうすることで中足骨が動き出す。

今度は中足骨と、となりの中足骨を持ち、前後に互い違いに動かしてやる。そうすると足の甲が柔らかくなって甲の出る足になるよ！

そしてこれは股関節の動きも密接に関係している。

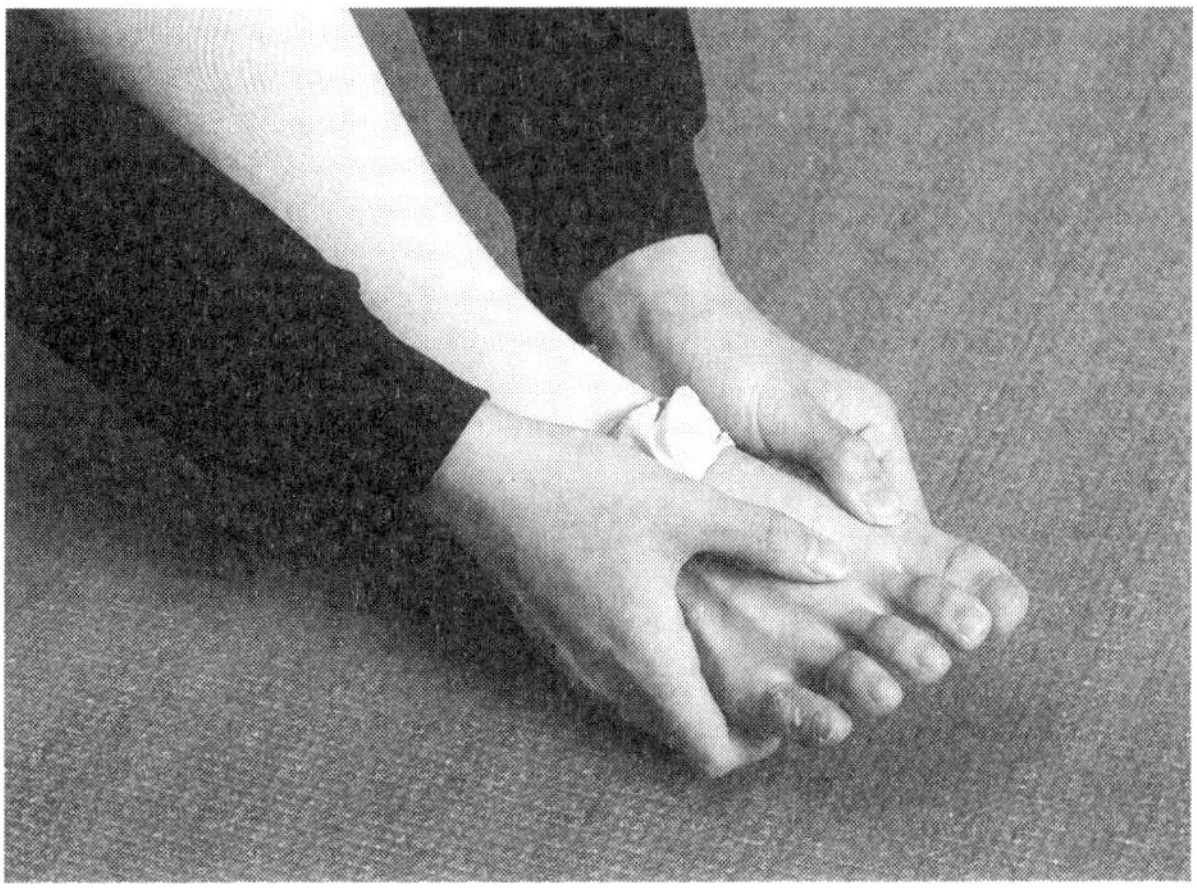

反り腰について

お腹を少し出した状態で、お尻も後ろに突き出ている反り腰。

こういう子たちや生徒さんに、あなたなら何と言いますか？

おそらく多くの先生が「お尻とお腹を締めて」「反らないように」と言うのではないでしょうか。そこから直すことは、〔できないことを正論だけでごり押ししてはいけない〕で書いたように実は大きな間違いです。

最終的には足裏で床を押すことができるようになることが何よりも大切なので、ここで先の言葉のように指示してしまうと、踵で床を押すことを意識して立つことはできなくなります。

またお腹やお尻に力を入れてこそ、この反り腰を作っている場合も多々あるので、自分の言葉の解釈を、生徒みんなが持っていると思ってはいけません。

そこで、指導者の使う言葉を生徒たちにも共通の言葉として理解してもらう必要があります。

そのためには、床に寝ることが大切です。

なぜなら、立っている状態だと脳のほとんどは自分の頭（脳）を守ることに多くの能力を使うので、新しい情報が入りにくい。だから必ず寝転がります。すると、脳は指導者の話だけに耳を傾けられるようになります。（幼い生徒の場合には落ち着かず、寝ていること自体が難しいことは多々あります）

実は、ただ寝ているだけでも、少しずつ腰やお腹の筋肉が緩まって、重力で骨が沈みだすと、背骨の状態は反り腰を解消するようにはなります。だけどそのまま起きてしまえば、また元通りになるだけ。

ここで股関節が緩まって解放されたり、足首が調節されたりする必要などもありますが、とりあえず寝た状態で、お腹まわり、腰まわりを緩めてあげることが大切です。大人の場合では、両膝を立てて緩やかに尾骨を下げていく。今度は反対に、尾骨を上げていき、おへその後ろが床に着くようにする。というふうに骨盤を前後に転がします。それを腹筋や腿の筋肉を使わずにゆっくりと何回かやります。

やっていくうちに胸椎も緩やかに追随して動き出します。そして頸椎も動き、頭蓋骨も一緒に動けるようになります。

けれども急いではいけません。

何か月かかけてここまでやるくらいの気持ちで。本来ならばこれをくり返すのに30分は欲しいところですが、バレエのレッスンの中でやるならば、長くても10分くらいでこれらを終える必要があるでしょう。だからゆっくりと少しずつです。

なぜかというと、これまでバレエなどをしてきたダンサーたちは上手に形を追ってきます。つまり無意識ですが、力、筋肉を使ってこなしてしまいます。そこを、筋肉を使わないということができるようにならないと変化を起こすことが難しく、生徒側に〝気付き〟を与えることができないで終わってしまいます。

けれども毎回のレッスンの中で、これを取り入れることができると結果は早く現れます。

小学校低学年までの小さな子たちの場合は、床に座って、両膝を開いて、両足裏を合わせて手で持ち、お腹を突き出して今度は背中を丸くする、を繰り返しレッスンの中でやれば充分です。難しいことは言わないで、楽しくやることが大切です。そしてたまに骨盤歩きをすると、より良いです。中国では幼少期にこのようなことをたくさんさせています。

これらをやることで、反り腰の問題や、それに関連する股関節の問題を軽減できます。

力を抜くということ

最近、私のフェイスブックの投稿を読んでくださった方々からコメント欄だけでなくメッセンジャーやLINEで、フェルデンクライス・メソッドに興味を持ったと言っていただくことが増えてきました。

投稿では何となく、ただありのままの生活の一部を綴っていただけなんだけど、そのなかにフェルデンクライス・メソッドからの教えがあるんだということを、私の方が改めて感じています。

みなさんから寄せられた声から思うのは、頑張ることには力が必要だと考える人が多いんだなってことです。そういう私も、フェルデンクライス・メソッドに出会うまではそうだったんですが…。

初めてトレーナーの先生にFI（Functional Integration）＝機能統合という個人レッスンを受けたとき、「力を抜いて」と言われることが不思議でならなかった。

えっ、なんにも力なんて入れていないのに…。

そう言われてから自分の力を抜くことを毎朝目が覚めるたびにやってみるようにした。寝ているときも力んでいる箇所ってたくさんあるんだな。

そのうちに、だんだんと力を抜くってこと、力って抜けるんだってことがわかってくる。そして力を抜いても怖くはなくなってくる。

あぁ、これまでは筋肉を固めることで、自分の心も頑なにしてきたんだなって、今思う。

アスリートやダンサーはとくに、無駄に力ませることがケガにつながったりするので、とても大切なことなんだけど、力を抜いてしまうとこれまでできていたことをすべて手放さなくてはならないのではと、恐怖を感じるのではないかな?

そりゃ、そうだ。（くにゃくにゃな筋肉なしの状態にするわけではないので、ご安心を）

そこで、考え方の転換が必要になる。

だからフェルデンクライス・メソッドは、気付きをもたらすことが第一で、身体を変えることには時間をかける。そのため、これまでのトレーニングで劇的な身体の変化を感じてきた人たちには、もうひとつ納得のいかないレッスンではあるかもしれない。「高いレッスン料のわりには、何も変わらなかった」とか「洗脳されているんじゃなかろうか」とか、疲労感が少ないため満足感が得られないということもあるかもしれない。

けれども〝気付き〟のないなかで、表面的な何かが一瞬変わったとしても、はたしてそれがあなたの力の源になるかどうか、ということ。あなたのなかの〝気付き〟は、あなたの確信に変わっていく。そのとき初めてあなたの内側から身体本来の機能を呼び覚ますことができるようになる。

あえて筋肉に意識を持たせないで、解放してくれるこのメソッドが、さらにたくさんの人を救ってくれると私は思うのです。

だから、フェルデンクライス・メソッドのレッスンを始めたら、どうか気長に続けてほしい。今ならオンラインで自宅にいながら受けられるグループレッスンもあるよ！

外に答はない。
答えは自分のなかにある。
自分を知ることは、自分を信じることにつながる。
他人の評価を気にせず、自分に自信が持てるようになる。
そして、さらに力みを手放していける。

と、長々と。

バレエレッスンに則して

ここでは、バレエのレッスンの専門的な内容を集めました。ですが、他の分野の方にも何かヒントになることがあれば嬉しく思います。

おしりって、何

〈「立つ」ということ〉でも書いたけれど、バレエのレッスンの現場ではちょくちょく「お尻を出さないで」「お尻を締めて」という言葉が使われている。

しかし、ここでのいちばんの疑問は「お尻」ってどこを指しているか。指導者と生徒との間できちんと身体のパーツについて、共通の認識がなされているか、ということ。

「お尻」と聞くと、たいていの人が思い浮かぶのは、桃のようなふっくらとしたお山が2つのあれでしょう。では、立ったとき、そのお尻はどのように存在していますか。そのお尻を締める、立てるとはどういうことでしょうか。

私はこれを骨格模型を見せながら「骨盤」と言い換えます。骨盤がしっかりと立つためには、坐骨がしっかりと床を押せる場所を探せばいいので、座った状態で確認させればだれでも理解できるようになります。

次に、座ったときのその状態を、立ったときもキープするためには「どうするべきか」となります。

そのときに骨盤を立たすためにお尻を締める、つまり大臀筋でお尻を固めてしまうと、逆に尾骨や恥骨が前に突き出すようになり、後傾してしまいます。そうすると、頑張って出っ尻にならないよう、頑張れば頑張るほど骨盤は後傾し、それは前太腿の筋肉を発達させてしまいます。こうなると股関節から足を開くアン・ドゥ・オールにするなどは、とても難しくなります。

なので、「お尻には力を入れないで骨盤を立てる」ことが大切です。

指導する場合には、優しく柔らかい手でお尻とお腹に手を当てて、お腹側は上へ、お尻側は下へとゆっくり摩ります。すると筋肉は諭されて「頑張らなくてもいいのかな?」と思うようになり、力が抜けて、骨盤が立ちやすくなります。お尻回りの筋肉を収縮させていると、アン・ドゥ・オールはまず無理です。

指導者が「お尻を締めて、しっかりアン・ドゥ・オールにして」というのは、それが感覚的に理解できている者からすれば当然のことだけれど、理解できていない生徒にとっては無理難題に等しいものです。

お尻を緩めて、しっかり骨盤を立てて、股関節から足を開く。膝関節、足首、足の裏までもアン・ドゥ・オールにして骨格を安定させることが大切です。

バーレッスンの意味

これは私がフェルデンクライス・メソッドからみて思うことですので、バレエの先生によっては違うご意見もあるかもしれません。あくまで私個人の考えです。

バーをなぜ持つのか。

「バーレッスンがやっぱり大切」「バーレッスンが基本」というけれど、なぜか、と思ったことはないですか。

単に手すりにつかまって足を動かす練習をしているわけじゃないはず。

私は以前、「ジャズダンスなどはバーレッスンがないのに、素晴らしく動ける人はたくさんいる。それに、バーではなく、取っ手みたいなものではなぜいけないのか。」と思っていた。

フェルデンクライス・メソッドでは、床に寝るポジションが多く用いられる。（その他にはうつ伏せ、横向きでの寝た姿勢、椅子に座る、立つ等々がある）

例えば、床に仰向きで寝た場合、背中の方は床があるために制約を受けている。つまりこの状態でいると、背中より前側の方の肋骨が大きく動いて呼吸する。逆にうつ伏せになると、胸の側に床があるのでこちら側に制約が生じる。そのことで今度は背中の側の肋骨が大きく動いてくれるようになる。

バーレッスンのときには、バー（横木）が床の代わりになる。つまり制約。動きを制限させる。

バーに対して身体のどの部分が平行か、垂直か、ということを常に意識させる。そうすることによって自分の身体の内側の方向性に敏感になり、センターへ出たときの方向性に対する意識が、自分の身体の方向性と合致し、ラインをとれるようになってくる。

それこそがバーレッスンの大切なことだと考える。

アン・ドゥ・オールの始まりは爪先から

バレエの現場ではよく「爪先だけ開いてはいけません。しっかり股関節から開きましょう」という注意がある。

それは爪先だけが外を向いていて、膝は正面を向いている、というように捻じれてしまうことを指している。

ここでいう「アン・ドゥ・オールは爪先から」というのは、その意味ではない。

爪先を伸ばすとき、多くの人はどうしても親指側の力が強いので、親指の方を丸めるようにして甲を伸ばそうとしてしまいがち。それをすると足＝足部（足袋を履くところ）は内側にねじれしてしまう。つまりアン・デ・ダンになる。すると当然、股関節をアン・ドゥ・オールにするなどということは困難

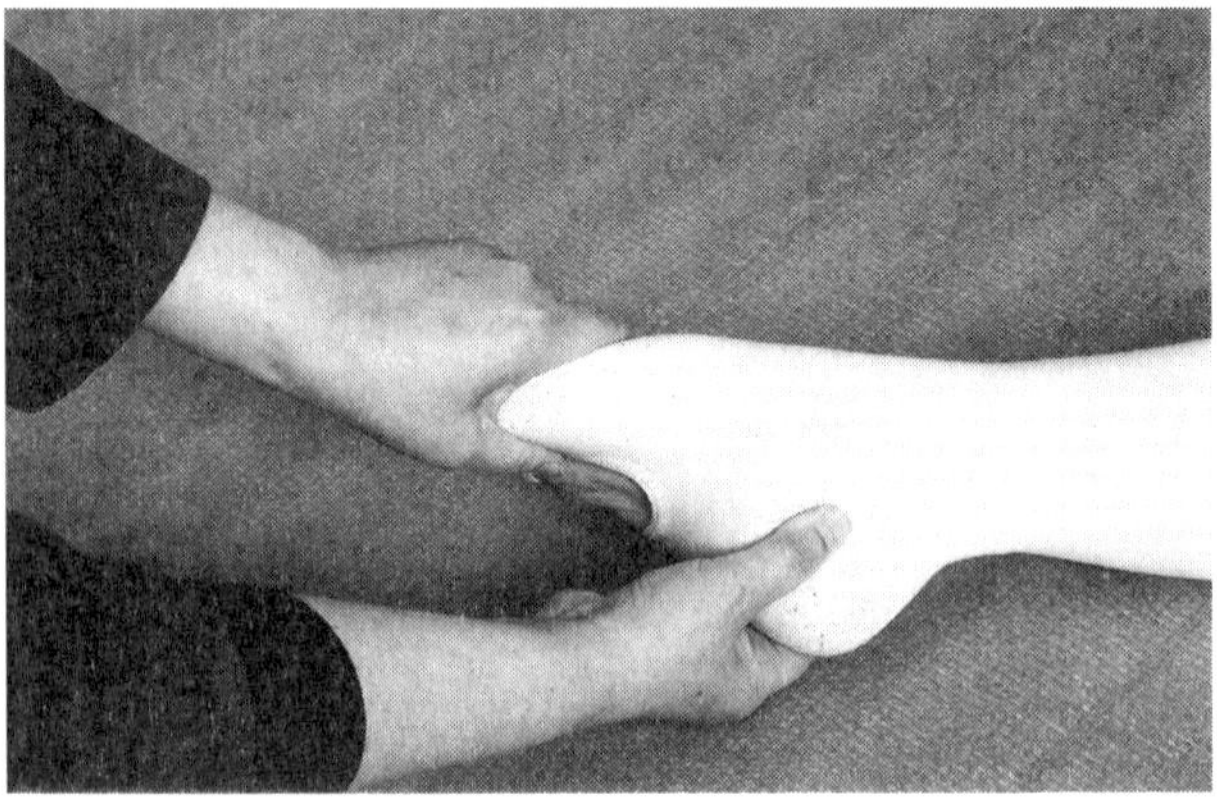

になる。

　しっかり爪先は、小指の方から巻き込んで外側へ、つまりアン・ドゥ・オールさせ、親指は遠くへ伸びるようにすることが大切。その足部の使い方がしっかりしていれば、股関節のアン・ドゥ・オールまできれいにできるようになる。

　そのためには、足指をやわらかく触って、指骨、中足骨と自由に動けるようにしておくことが大切。

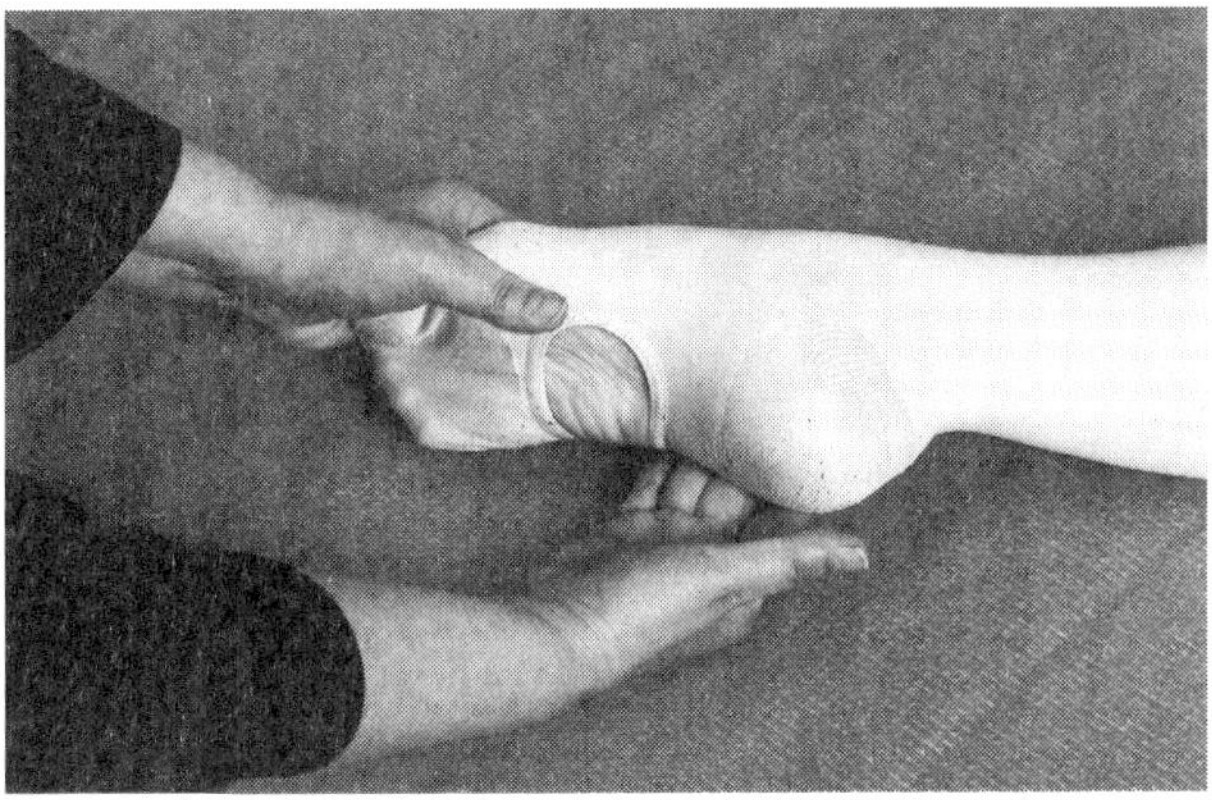

プリエについて

プリエとは立った状態で膝を曲げることですが、ここでは小さい子にグランプリエが必要かどうか、という話。

プリエのとき「お尻を出してはいけない」ということはみんな知っている。けれど本来、人間が〝しゃがむ〟行為をするときは、お尻を後ろへ突き出すことによって、股関節や膝関節、足首との関係がきれいに保たれる。

なので、いきなりお尻は出さずに〝しゃがもう〟とするのは、とても難しいことになる。とても難しいことなので、どうしても身体には力が入り、うまくコントロールできなくなる。

では、どう指示をするか。

お尻のことにあまり注目させると、大臀筋と前の太腿（大腿四頭筋）が働いてしまい、本来させたいはずの動きから大きくはずれてしまうことが多い。

なので、指示をするときは「左右の膝がどんどん離れていくように」と言うのがいちばん効果的に思う。生徒本人の感覚で、どんどん離れていくのが掴めるところまででやめること。指導者側から見て、まだいけると思っても、その領域は本人の感覚がついてこれないので、次につながらない。

本人が左右の膝が離れていく感覚を掴みながら、少しずつそれを大きくしていくのを、長い目でみていくことが大切。

写真は理佳子ちゃん（9歳になってすぐの写真）。コロナ禍でのオンラインレッスンの様子。バレエ的に問題のない体格の彼女ですら、お尻を出すなと注意したら、こうなってしまいました。

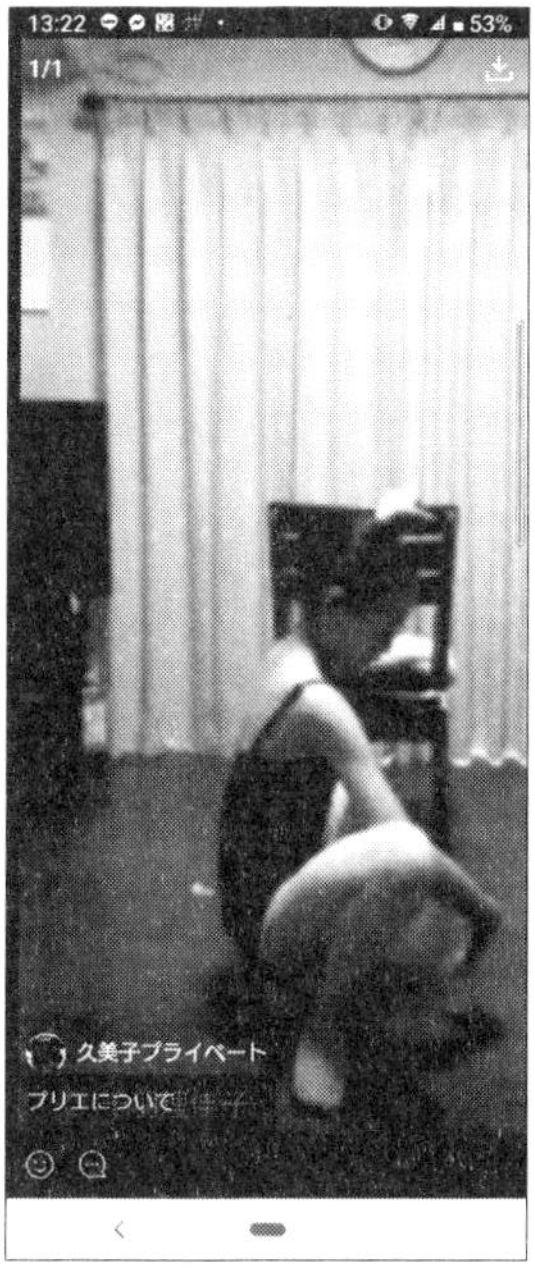

カンブレ※1、パンシェ※2、そしてグラン・ポール・ド・ブラ※3へ

※1 前、後ろや横に折れ曲がってアーチを作ること。※2 傾いていくこと。
※3 大きく上半身を回すこと。

バーレッスンでは、当たり前にプリエの後などに行われる。

カンブレをするのであっても、床を押して立っていることとの延長でなければならないことは必須。[1]前へ半分、[2]後ろへ半分。[3][4]全面的に前へ（パンシェと言う先生もいる）、横へ、しっかりと後ろへ。そして全方向へのグラン・ポール・ド・ブラへと続く。
※このときの半分とは、股関節や腰椎からではなく、胸椎の途中から折れ曲がることを指していて、全面的に前へとは、股関節の屈曲を用いて行われることを指す。

前と、後ろへの半分は、肋骨と背骨の収縮と、広がりを練習するもの。

全面的に前は、直立した姿勢のときの重力のかかり方を、頭を下にすることで、真逆の環境へ置くことができることが最大の功績だと思う。そうすることで緊張していた筋肉は緩和され、逆の筋肉を使うことになる。

しっかりと後ろへというのはアラベスクなどにも必要で、椎骨がひとつずつ回転することによって作り出される背骨のカーブを会得するためのもの。

横のカンブレも後ろと同様。なので、頭の位置、鼻の指している角度が重要。

最後にグラン・ポール・ド・ブラは、先に述べたそれらのポジションと、ポジションの間を滑らかにつなぐことを必要とする。つまりは肋骨が、前後、横だけでなくさらに斜めに伸びたりする必要性を可能にする。

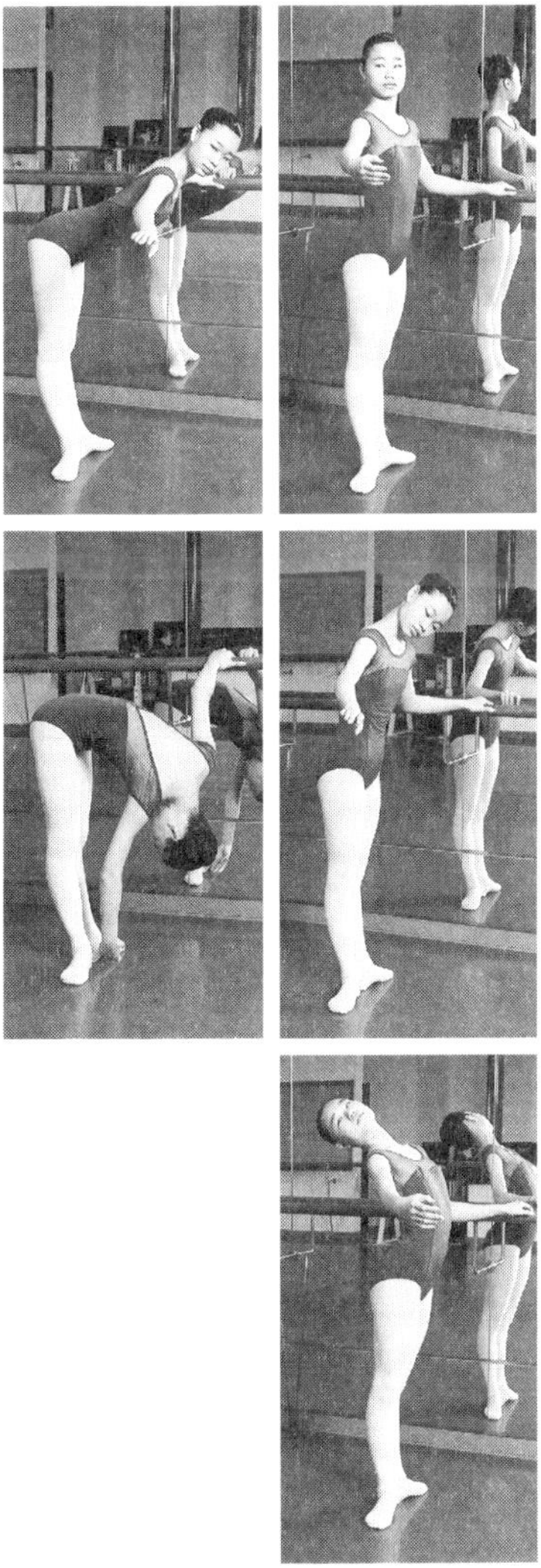

1 2 3 4

手指について

これまでに言い続けていることは、骨がバラバラに（分化された状態）、そしてなおかつ、それらが連動して動く（統合）ことが大切ということ。

足指も、爪先を伸ばしたり、トゥシューズを履いた状態では、集まってしまっていて、5本をバラバラに動かすことは難しい。けれども常日頃からこの5本指が自由に動かせられることで、中足骨の動きの活性化や、脛骨と腓骨の分化を促進させ、しっかりと床を押せる足を作り、難しい動きを容易にさせるのです。

これと同じく、いや、もっと手指はバラバラになっていないと、美しいポール・ド・ブラは生まれません。

生徒のなかには手指に力が入っていて、ロボットみたいになっている子がいますよね。私は「UFOキャッチャーみたいだよ」と言っています。

こういう子にはどう伝えるか。

これはロシアのワガノワバレエ学校で実際にやっているので、映像で見たことのある人もいると思います。ワガノワバレエ学校でのこのレッスンが、必ずしも、私の考えることと同じ理由で行われているかは、私は知らないのですけど。

中指を下にして、人差し指と薬指を上にし、その間に鉛筆をはさみます。そうすると指先で力むことが不可能になるので、必然的に肩や首の周りの筋肉が緩みます。

うちでも、たまにバーレッスンのときから鉛筆をはめてレッスンさせたりしました。たまにはこれ、いいです。さらに言うと、このとき鉛筆の向きはどうかと問います。アナバンや、アラセゴンドのときはほぼ床に垂直に。アンオーのときは、床と平行に。そう意識させることで、力の入る癖のある手首を直すこともできます。

ルルべに立てるかな？

最終的にポワントに立つためには、床に立つということ、つまり踵で立つことと、ルルべに立つ（背伸びの状態）ことを習得させることが大切です。

ルルべになるときには、中足骨と足の指の関係が、爪先を伸ばすのとは反対に折れ曲がることになります。

アテールで立ったとき、上半身の重みが脛骨から踵骨（距骨から）に伝わっているということを理解する必要があります。

ルルべになるときには、この続きに距骨から中足指へと重さが伝わり、中足指の骨頭が床に接することで踵を持ち上げることになります。

これがしっかりとできていないと、甲で立つ感覚が身に付かず、トゥシューズを履いてから苦労することになります。

けれどもルルべのとき、指に力を入れて立とうとする子たち、生徒たちがあります。その子たちにどう伝えるか、これが重要です。指に力を入れていると、高いルルべができません。「ルルべを高く！」という指示があればあるほど、こういう生徒たちは指に力を入れて強張らせてしまうため、逆効果になります。

こんなときには理屈を説明するのではなく、床に座らせて、まずは踵（脛骨の延長あたり）を股関節の方向へ向けて押してやります。そして押し返すように指示をします。これを何回か繰り返させます。簡単なように見えて、意外とできない生徒はたくさんいます。

次に、ルルベ（背伸びをする形）の足で同じように押してやり、押し返させます。するとお腹から中足骨の骨頭で押す感覚を見つけやすくなります。

そうしてから立たせてルルベをさせてみると、本人のなかで新しい感覚が目を覚まします。

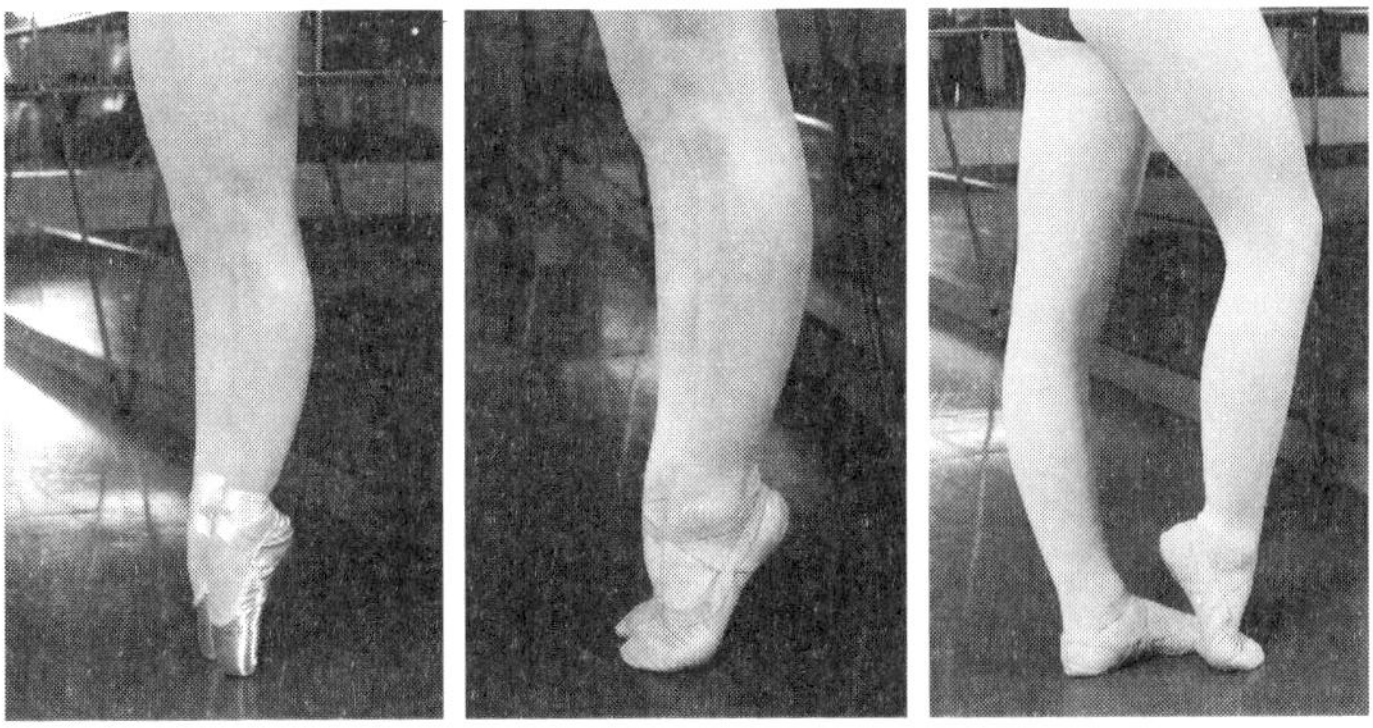

引き上げるということについて

よくバレエの指導者は「引き上げなさい」と言う。

この「引き上げる」ということは、上半身に対して使われるのだけれど、そのように指示するとほとんどの場合、肩が上がって、上半身に力が入ってしまう。

実際には、床をしっかり押すことで上半身は上に向かって伸びていく。シーソーと同じこと。

フェルデンクライス・メソッドの場合、床に寝た状態での様々な動きをし、上半身の力が抜けると、その後に立ち上がったときには、足がしっかりと床を踏めて、上半身がスーッと上に伸びていくのを感じられる。

「引き上げ」ということの理解を間違えずに。

上半身の力がうまく抜けることが出来れば、「引き上げ」＝「床を押す」で十分。

フォンジュなどをするときの片足でのドゥミプリエに気をつけて

両足でのドゥミプリエと同様に、片足でのドゥミプリエができなければいけないのはもちろんだけど、片足になるとバランスが難しくなるので、どうしても両足のときと違って、大腿四頭筋に負担をかけてしまう子が見受けられます。

まずは両足でのドゥミプリエのおさらい。

踵（脛骨の下あたりなので正確には踵と土踏まずの間あたり）にかかっている体重を逃がさないように、ドゥミプリエを踏みます。

つまり、膝から踵に向かって体重がかかっていることが大切。ベクトルが踵へ、ということ。

太腿はというと、ベクトルは股関節から膝に向かっています。

これで多くの生徒たちは脛も膝に向かわせてしまうので、体重が踵ではなく、爪先にかかっていってしまいます。

グランプリエは踵が浮くので（第2ポジションの場合をのぞく）、それを正しいと勘違いしてしまいがちだけれど、それは大腿骨が頸骨より長いのでそうなるのであって、あくまで上半身の体重は踵へ向かってかかっている。それによってしっかり床を押している力が働くため、お腹の側では頭に向かって引き上げようという反力が生まれる。これが踊るために大切な腹筋。腹筋はシックスパックを作り上げても意味はなく、これが大切。

片足になっても、両足のときと同様にプリエができることで、アッサンブレやパ・ドゥ・シャ、ピルエットはもちろん、すべてのテクニックが容易になる。

けれど、バーレッスンのフォンジュなど、片足でのドゥミプリエになると、股関節の屈曲が曖昧になり、大腿四頭筋で上半身の体重を支え、踵に体重がかからず、脹脛を緊張させてしまっている生徒がいる。これではフォンジュを練習する意味がない。

踵で床を強く推す反力で、上に引っ張る力を生み、伸びていくことで、ルルベにつながる。

活字だとちょっと難しい？

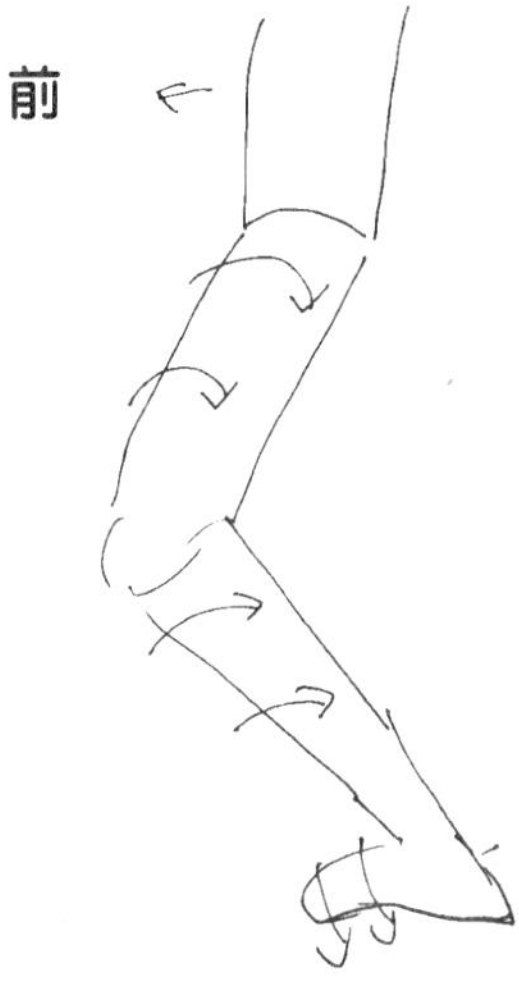
前

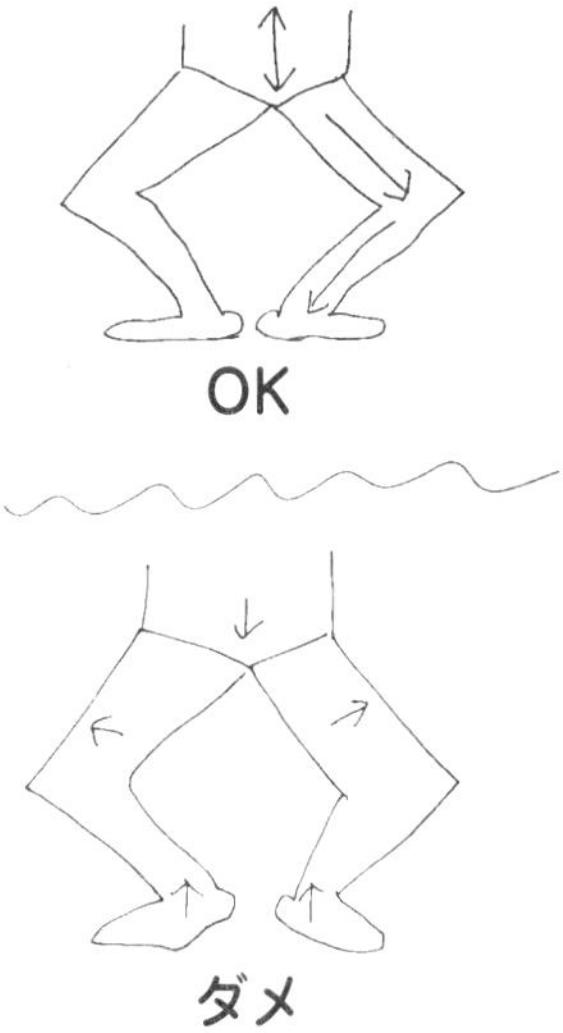
OK
ダメ

アラベスクのこと

きれいなアラベスクって、実は難しい。

足を後ろに高く上げればいい、というものではない。

アラベスクがきれいな形になるためには、後ろへのカンブレをしっかり練習する必要がある。

後ろにカンブレするとき、首、顔をゆっくりと左右どちらか一方へ回しながら行う。こうすることによって背骨（椎骨）をひとつずつ回転させ、背骨全体がやわらかなカーブを描けるようになる。

私は生徒に、よくタオルで説明したのだけれど、細長く畳んだタオルは曲げようとしても折れ曲がってしまってカーブを作るのは難しい。しかし、細長く捻じったタオルは自然にカーブを描き出す。腰だけを折り曲げたりしないように気を付けないと、しっかりとした軸足で立てるようにはならない。すると、パ・ド・ドゥのプロムナードがとても難しい技になってしまう。

ところで本来「アラベスク」とは、〝アラビア風の幾何学的模様〟という意味。

爪先を伸ばす

後でカマ足、バナナ足について書くけど、今回はしっかりと爪先を伸ばすということについて。これはトゥシューズで立つことにも関係している。

爪先を伸ばすということは爪先だけの問題ではなく、きちんと床を押してお腹を引き上げて立つ、ということにつながっている。なので、もともとの甲高のきれいな足の子でも使えていない場合というのは多々ありうる。

踵でしっかり床を押すと、それに反発させる形で頭が天井の方へと伸びる感覚がある。そこからさらに強く床を押す感覚を使って、さらに頭が持ち上がるのがバレエでいうところのルルべ。そしてポワント立ちへとつながる。

分かりやすくいうと、お腹と爪先を引き離すような感覚を使ってこそ、爪先が伸びるということ。それなくして、足底筋だけを縮めてもきれいな爪先にはならない。

カマ足、バナナ足、どうすれば直る?

「さあ、爪先をしっかり伸ばして!」などというと、生徒たちは張り切って爪先を伸ばす。するといわゆるカマ足、バナナ足ができあがる。実は、これは珍しいことではなく、構造上はあたりまえのこと。

だけれどバレエの場合は、最終的にポワント、爪先立ちをするためにも、この癖は直しておかなければならないし、脚全体のアン・ドゥ・オールの完成を目指すためにも直しておかなければならない。

アン・ドゥ・オールは身体を片足できちんと支えるための要素なので、トゥシューズを履かないバレエ男子や、器械体操、新体操、フィギュアスケートなど他の競技、演技者にも求められる要素のひとつである。

まずは爪先と踵の関係を理解させること。

シーソーのように、爪先が身体から遠退くと、踵は自分(坐骨)の方へ近づくということ。

うつ伏せに寝て、少し両足を開いた状態で、膝を曲げ、足裏が天井を向くようにする。その状態のまま、左右の爪先をつける。今度は踵をつける。それを繰り返す。

次に、同じ姿勢で片足ずつ爪先で円を描くよう口頭で指示をする。(足首を回す)。その後で、踵で円を描くよう、また口頭で指示をする。動きは同じだけれど、意識が違うので、初めは難しい。

そのようにして、まずは踵に意識を持たせることから。

カマ足、バナナ足、それに伴うO脚

カマ足、バナナ足の場合、たいていO脚を伴うことが多い。これは脛の骨、脛骨＝太い方の骨と、腓骨＝小指側の細い骨との関係性を見る必要がある。

カマ足の場合、腓骨は脛骨よりも下の方に引っ張られているし、カマ足を直そうと思えば、この腓骨は脛骨の上の方へと支えなくてはいけない。

つまり、この脛骨と腓骨の関係が、常に動ける状態になっていないといけない。

昔の義足にはその概念がなく、足首さえ曲がればうまく歩けると考えられていたらしい。ところが、この腓骨と脛骨の動きがなければ足首を左右に動かすことができないので、少しばかり平坦ではない床だとすぐにひっくり返ってしまったらしい。

この足首の動きは、実は股関節の動きに深く関係している。

歩き方の指導方法

踊りのほとんどは名前の付いているパで構成されているようで、実は作品の中で走ったり歩いたりしない踊りは「瀕死の白鳥」くらいではないかといわれている。ということは、歩く、走る、ができないと上手く踊れないってことよね。

じゃあ、どうやって指導しましょうか。

「歩く」というのは言いかえればドゥ・バン・タンジュの連続、ということです。ドゥ・バン・タンジュとは脚を前へ出すことですが、右足をドゥ・バン・タンジュに出した後、左足で床を蹴ってその左足を後ろへけりあげず、すぐにドゥ・バン・タンジュに出します。けっこう難しいかもね。この動きのときプリエを伴わないことが重要です。

ヨーロッパのスタイルなのか、私もかつてタン・リエと習ったときには、軸足から反対の足に移るとき、両足をプリエさせていました。けれどロシアスタイルではこれをしません。軸足のプリエから反対の足に移るとき、その次に軸となる足はプリエをしません。

しっかり軸足で床を押す力の反力で、上半身を引き上げることで次の足に体重を移動させます。この上半身を作るためにプリエを伴わずに行うことが大切です。

コンクールなどで板付に歩いて出てくる子が、上下に揺れているケースをよく目にします。もちろん低年齢だと上半身はそこまで発達していないので仕方がないのだけれど、小学生高学年になるとこれは幼く見えてしまうのでちょっと残念。

しっかり床を押せることで、手は長く使え、上半身は引き上がり、ルルベでも滑らかに動くことが可能になります。

ポワントを履いてすぐの子にも、ポワントで立ち上がり、手はアンオーにして、上半身が揺れないように軸脚でしっかりと立ち、動脚をドゥ・バン・ジュテに出します。その連続で前に歩かせる。

そうすると初めは上半身が脚にとられて前後に揺れるでしょう。しっかり手を上に引っ張るように、左右の手があばれて揺れないように指示します。上半身の肋骨、背骨それぞれが分化してくると、手やお尻を振らないで歩けるようになってきます。これは本人も揺れることを自覚しやすいので、とても良いと思います。これは私が子供の頃にさんざんさせられたことです。けれど大人になってからは、このような練習を見たことがなかったので、これは古臭いんだろうと勝手に思っていました。だけど最近また取り入れるようにしています。ポワントを履いてからの成長速度が違うように思うからね。

ピルエットはどうやって回っているの？

バレエのいちばん特徴的なテクニックとして、ピルエット＝コマのように回る技がある。

1回踏み切っただけで、男性なら5回転とか、多い場合は10回転とかも可能。昔の映画「ホワイトナイツ／白夜」で有名ダンサーのミハイル・バリシニコフが11回転しています。

女性でも最近はポワント（トゥ立ち）で5回転くらいしちゃう子、結構いますね。

このピルエットの具体的な手順、やり方は現場で習うのでここでは敢えて書きませんが、同じように習っても、なぜ、回れる人と、うまくできない人がいるのでしょうか。

ピルエットを習うときに「顔を付ける」というのがあります。

バレエの場合は、顔を正面に留めたまま身体が回転し始め、次の瞬間に、顔が先回りをして元の位置に戻るということを繰り返しながら、複数回の回転を可能にします。ちなみにフィギュアスケートでは、顔は進行方向にしかつけません。

回転に失敗したりすると「もっと顔を残して！」と言う先生が多くいらっしゃると思います。それで良くなる場合は、実際に残すことが足りなかったのでしょう。だけど、これではある程度回れる子は解決しないはずです。なぜなら、顔、首で回っているわけではないからです。

首＝頸椎は、とうぜんその下の胸椎、腰椎へとつながっています。頸椎が捻じれる＝顔を残すと同時に、その段階では胸椎も滑らかに追随できないといけません。回転しながら身体の中心は、グニャグニャと動かせる身体を作っておくことが大切なのです。アラベスクやカンブレなどで書いていることはここにつながりますよね。

だから、バーレッスンのカンブレやグラン・ポール・ド・ブレがしっかりとできていれば、回転はそんなに難しいものではありません。そして回っている本人へは「センターラインで回っているのよ、センター、センター」と声をかけるだけで、自分の真ん中に意識がいき、外側の力が抜けて、回転しやすくなります。

もうひとつコツとしては（私の経験から）、顔は少し残したら、すぐに振り返り、振り返った状態で身体が戻ってくること。これが、顔を残し過ぎた場合、遅れるので、身体が戻ると同時に顔が戻るようになると、次の準備がまるでできず、うまくいきません。

フェッテ32回転や、ピケ・ターンなども顔が先に戻った後、身体が戻り、プリエに降りるということが大切で、顔と身体が同時に戻ってプリエになると上手くいきません。

パ・ドゥ・シャ※1、箱ジャンプとアッサンブレ※2

※1　バレエで〝猫の跳躍〟という意味で、片足ずつ膝を曲げて飛び上がり、初めに飛び上がった脚から着地する動きのこと。
※2　片足ずつ飛びはじめて両足同時に着地する動きのこと。

以前、スクール開校以来お世話になっている安達哲治先生（京都バレエ専門学校教授、元NBAバレエ団芸術監督）から「パ・ドゥ・シャは、ティッシュの箱でも飛ばしておいて、後で5番でね、と言えば子どもは無理なくできるようになる」と教えていただいた。その通りで、私も「箱のある方の足から飛ぶよ」と教えてやります。けれど幼いうちは利き足が強くあるので、どうしても同じ足からしか踏み切れない場合があります。そのときは無理せず、ただ箱を飛べることを褒めてください。

そうであったとしても本人の頭の中では、箱の方の足から！　と強く思っているものです。

アッサンブレはたいていの場合、5番からドゥミプリエをして、後ろの足をタンジュに出して、そこから飛んで、同時に降りるというように教えます。

だけど、片足プリエが完全に出来るようになっている必要があるので、これはとても難しい。

大きな水たまりを横に超えるように、右足を右に大きく出して飛ぶ。移動させます。そうすると出した足の勢いで飛んで、両足で着地するのは難しくない。

今度は左足で。

小さいうちはこんなふうにしておいて、ジュニアクラス（小学校4年生から）になる頃から「移動せずにできるかな？」「5番からできるかな？」としていくと、悩まずにできるようになります。

ジャンプの飛んで見えるダンサーと、そうでないダンサー

ジャンプで有名なダンサーといえば、大昔でいうともちろんヴァーツラフ・ニジンスキー（１８８９～１９５０）でしょう。

彼はレッスン中、他の男性ダンサーがジャンプしている頭の上にいたと書物に書いてあったと思います。少しオーバーな言い方だったのかもしれませんが、本人もジャンプが得意ということは晩年、精神に支障をきたしてからも忘れてはいなかったようです。けれど、彼の脚は乗馬服のようであったとも記述が残っているように大腿四頭筋が発達していました。タイツやレオタードが発達した20世紀以降は身体のラインが重視され始め、こういう体型は好まれなくなりましたけどね。

実際、現在のバレエでも、特に男性は、高く飛べることも評価の一つであることは間違いないと思いますが、その高さを競うのではなく、それよりは男女ともに、浮いたように飛べることが求められています。

では、その浮いたように飛ぶには、どうすれば良いのでしょうか。

これは女性が男性にリフトされるシーンでも起きることですが、実際の体重の軽い・重いだけではなく、リフトしやすい、しにくいということがあります。このことと、ジャンプの軽い＝浮いたよう、とジャンプが重い、というのは同じことが言えます。

それは背骨の使い方。

床や椅子に座って、坐骨で床や椅子を押せますか？
坐骨でしっかりと床を押せる背骨が作れたら、それをジャンプのときに応用します。そのためには、何度も言いますが、首の使い方が問われます（頸椎と、胸椎、腰椎、骨盤とつながっているから）。

現場で私は、胸椎7番辺りの角度を少し調整してあげます。するとさっきまで苦戦していた子たちは、難なくこなせるようになったりします。だけど本来は、その前にカンブレを正しくやれて、やわらかく滑らかな背骨を獲得しておくことです。

1回踏み切って飛んだジャンプは、空中で何もしていないのではなく、頂点で、坐骨は床方向に押し、その次には着地する脚に体重を移して降りていきます。

グラン・パ・ドゥ・シャやグラン・ジュテの場合、踏み切った後の脚は、空中でアラベスクとなり、その瞬間もう一方の脚は前に引っ張られ、坐骨は床を押せるところ、そしてその次の瞬間には、前足を爪先の方へ押しつつ床を探し始める。そして、その先にある床に着地する。という具合。その間、背骨は波を打って、下半身の動きを助けている。

頭の先はどこ？　鼻は、どこにある？　と整理すると、良くなると思うよ。

撮影：テス大阪

小さいジャンプも、ね

さっきは大きいジャンプの話になってしまいました。今度は小さいジャンプの話。順序が逆になっちゃった(汗)。

大きなジャンプと特別違うわけじゃない。でも、エピソードをひとつ。

スクールの25周年公演で、「眠れる森の美女」全幕をやりました。そのとき1幕のローズアダージョのシーンで、当時の小学4年生たちはヴァイオリンを手に持ってずっと演奏しているというお役でした。

これがなかなか難しく踊るより難儀。

弓を行ったり来たりさせても弾いているようには見えないのです。私が何度もやって見せながら、胸を動かしたり背中を使ったりと、大きい音のときは大きく動く。長く音を引っ張るところは弓をしっかり引っ張る、といったことをさせました。

その間、中高生たちは、ソリストだったり、コールドバレエだったりで、バンバン踊る練習をしました。小学4年生たちは可愛そうなくらい立ったまま、延々と〝演奏〟の練習をしていました。

そして舞台も無事に終わり、やっと通常のクラスに戻ったとき、アッサンブレなどのアレグロのジャンプで、中高生たちよりもその小学4年生の子供達の方が見事に軽やかに飛んでくれました。私はまず「なんで？」と思い、そして次の瞬間「あっ」と閃いたのです。

ヴァイオリン弾きをやるために、脚は何も練習していない。だけど上半身はずっと動かしていたということ。

それがこの軽やかなジャンプを可能にしているんだ、ということ。

なので、ジャンプの練習は、ジャンプをすることよりも、床に座って背中を丸めたり、反ったりを繰り返し、繰り返しやることが大切です。

そうすることで坐骨が床を押すことを覚えます。

そうすると先に書いた大きなジャンプも、難なくできるはずです。

肩を下げるということ

これまで書いてきたことを理解出来たら、肩はあえて下げるものではなく、勝手に下がっているべきもの。ということが解かると思います。

基本、肋骨にぶら下がっているだけだから、鎖骨周り、肩甲骨周りの筋肉が緩まり、それらの骨の重さで床の方に向かっていけるのが理想です。

鎖骨、肩周りの筋肉が緩められることは、足が床を押すことにつながります。

フェルデンクライス・メソッドのグループレッスンＡＴＭ（Awareness Through Movement＝動きを通した気付き）で、床に寝てプラクティショナー（指導者）の言葉だけの誘導によって、いろいろと単純な動作をすることで、次に立ち上がったとき、ものすごく床を押せ、肩が下がった感覚を掴む人がたくさんいます。自分でどんなに頑張るよりも、そのちょっとしたことで、上半身の凝り固まっている筋肉がほぐされ、力みがとれるのです。なので、ある程度の年齢になってしまっている生徒さんには癖を取るために、こういう時間が必要です。

ピルエットなどの回転技で、肩を下げようとすると、肩周りの筋肉を縮めて肩甲骨を後ろ側へと引っ張ってしまう生徒さんたちを多く見ます。

すると、回転はバックギアに入って回るので、一人でダブル（2回転）くらいだと差が分かりにくいですが、音の早いものについていけないとか、フェッテ32回転が難しいとかいう人は、このアン・ナ・バンという手のポジションを見直すことが必要です。

もう一度、言うよ。

肩を下げるための筋肉はありません。床をしっかり押して、肩周りの筋肉を自由にすること。そうすることで肩は勝手に下がります。そのため、肋骨、背骨は自由に動き、回転やジャンプなどの大技をもこなす身体ができあがります。

手を伸ばして！

指導者が生徒に言う言葉のひとつに「ちゃんと手を伸ばしましょう」というのがある。この言葉を聞いた生徒側が勘違いしやすいのは、

手を伸ばす＝肘を伸ばす　ということ。

では、肘を伸ばすことと、踊りながら手を伸ばすことは何が違うのか。

「腕は背中から使え」と言う先生も多いけれど、骨格的に言うと「腕は胸鎖関節から」である。感覚的に「腕は背中から使う」というのは大いに正しいのだけれどね。

遠位と近位でいうと、手の先が遠位で、胸鎖関節が近位ということになる。

手を遠くへ伸ばすには、遠位である手の先の方が遠くへ引っ張られるようにして伸ばす。そしてそこに続くようにして、鎖骨の周りの筋肉が収縮せずに肩の方へ向かって伸びていくことが大切。それによって腕は長い印象になる。

新体操やフィギュアスケートなどの解説者が「指の先まで神経が行き渡った素晴らしい演技ですね」と言うのを聞いたことがあるのではないでしょうか。神経が行き渡っている、というのは決して力が入ってピン！　と張れているというものではありません。それをしてしまうと、力みのある硬い演技にしかなりません。では、どういうことを言っているのかというと、しっかり遠位が、より遠い位置に定義づけられた素晴らしい演技、というふうに置き換えられます。

実際に指導する場面では、鉛筆や扇子などを持たせて、その先端が手首や指のところで折れたりすることなく、胸鎖関節から滑らかなラインの延長にあるように意識をさせます。すると、これまで自分の意識は腕の中腹辺りまでしかなかったことに気付くでしょう。

いつも指先のその先のずっと向こう（遠位）で引っ張られることによってラインを作りだすこと。脚も同様です。

そして、それは床に立っている方の脚（両脚の場合もあり）が、しっかりと床を押せていることによってしか生まれません。

肘を伸ばしきってしまうと、肋骨や肩がブロックされてしまって、実際には腕を長く使うことは不可能になります。肋骨がしっかりと開いて（脇を締めずに）いないと、床も押せないし、上体を引き上げることにはなりません。

そうでないと脚の自由は生まれないので、いろいろなテクニックをこなすことが難しくなります。

踊りのときに「肩を下げることが大切」といわれる所以です。

上腕骨のアン・ドゥ・オールが大切

バレエではアン・バー、アン・ナ・バン等といわれる手のポジションがある。いずれも肘を脇に付けたり垂れ下がったりせずに、少し横に張るイメージで習う。その弊害として、上腕骨がアン・デ・ダン（内旋）になり、肩が上がってしまう生徒たちが多くいます。これでは腕も疲れるし、首も痛くなります。さらにこの理由で、持ち上がってしまっている肩を下げなければならないと、脇を締めて肩を下げるように努力してしまっているケースがものすごく多い。

実際には、上腕骨（二の腕）は、アン・ドゥ・オール、つまり外旋させ、前腕を身体の中心に向かって肘を折りたたむようにすることが大切。このときに、手指先や手首に力が入っていると、うまく肘が曲がらない。

上腕骨がアン・ドゥ・オールに使えると、脇も締める必要がなくなるため、肋骨は解放されて上体が引き上がることを助ける。また、首も解放されているので、ピルエットやグラン・フェッテなどの回転は難なくできるようになる。

踊りのためには、腕のポジションを見直すということは、脚のポジションを見直すことと同様か、それ以上にとても重要なこと。

リハーサルについて

多くの日本人の先生は、曲を歌いながら振り写しをしてくださいます。けれど、私が子どもの頃に習っていた先生は、カウントをきちんと取って、振り付けをカウントと共に紙に書いて残しておられた。発表会の練習に入ると、事前に振付を書いたその紙を、少しお姉さんたちが解読して振り写しを進めました。当然私も、その〝お姉さん〟になる頃には、紙を読み解いて振りを起こしていました。実際に音楽にのせて踊ってみようとなったとき、きちんとカウントが取れていないと、どこでこのアラベスクをするのかがわからない。先生に聞きに行くと教えては下さるのだが「もう、まったく！」という顔をされるので、私なりに何とかきちんと解読しようと努力していたことを思い出します。また、石田種生先生は、楽譜を見せて「この音で飛べ」などと仰っていたし、他にもロシアからの先生は音楽に合わせてカウントを取る練習をさせてから、振り写しをされたりもしました。

私もそれらの経験から、カウントで踊ることを先に指示します。
音楽的センスのある生徒はそんなことをしなくても、指導者の言う音楽性を瞬時に取り込めるけれど、そうでない子にとっては、曖昧な説明は曖昧な理解にしかならない。なので、カウントを取る練習はとても大事。だれでも簡単にできるわけではないんです。なんといっても天才や奇才が作りだした交響曲を、凡人の私たちが簡単に理解できるって思うことの方が図々しいのよね。

そして、振り付けが頭や身体にしっかりと入ったら、今度はカウントではなく、頭の中では主旋律を口ずさみながら、歌い上げながら踊ること。

そうすると、演奏者と、ダンサーである自分と、観客が、同じ呼吸になる。そうなると観客にとっては、回転やジャンプの難易度の高い技を見せつけられるよりも何よりも、心地よい、素晴らしい舞台になるんだよなぁ。

カウントを取る練習について

さっき書いたのはリハーサルについてだったけれど、今度は普段のレッスンの中でのカウントを取る練習についてです。

小さい、未就学児のうちからこれは大切なことで、文部科学省からの委託でバレエ協会からドイツに指導者研修に行かせていただいたときに、ドイツの田舎街で子どもたちの指導にあたっている先生がやっていたレッスンが、とても可愛く素敵だったので紹介するね。

1．威張って偉いお父さんは、全音符。（ただの○）。カウントでいうと4つで一歩を歩く。ドッシ、ドッシと歩く。そのときは音楽も重たいもので。

2．そこにハイヒールを履かせてお母さん。（さっきのお父さんの音符○に縦棒を足す。これがハイヒールの踵という意味）。全音符の倍の速さの二分音符で、少し軽やかにルルべで歩く。

全音符

二分音符

3．今度はその二分音符の白抜きのところを黒く塗りつぶして四分音符にし、これは坊やねって、パタパタと歩く。お父さんの4倍、お母さんの2倍。

4．最後は四分音符に羽が生えて、八分音符で、手を蝶々のように動かしながら、妖精さんねって、ルルベで、手をヒラヒラさせながらお空を飛んでいるように、坊やの倍の速さで走る。

四分音符

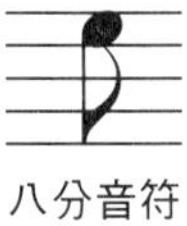
八分音符

ピアニストがいる場合はそのように弾いてもらうけれど、CDの場合はそれぞれに相応しい音をあらかじめ用意しておいて、リモコンでピッピッと変更できるようにしておくこと。

初めは1.から4.をひとつずつしっかりと子どもたちに遊ばせて、だんだんと1.から4.へと移るタイミングを早くしていく。ときには音だけを聞かせて、「これは誰だったかな？」と言って、子どもたちが「これはお母さん！」「いや、坊やだよ」なんて言いながらいろいろ歩かせる。

遊んでいるようだけど、とても意味あるレッスン。こうして音符、リズムに種類があることを認識させる。

他には、

1．ただ歩きながら1拍目で拍手。後の2～4は拍手しない。また次の1で叩く。

2．今度は2拍目で同じように。

3．3拍目で。

4．4拍目で。

今度は1.から4.を順番に。つまりは最初の4歩は1拍目、次の4歩は2拍目、次の4歩は3拍目、次の4歩は4拍目で手を叩く。

今度は4.から1.へとやってみたり、グループ分けをして、1.のグループ、2.のグループ、3.のグループ、4.のグループで、他のグループにつられないようにしながら、みんなで音楽に合わせて歩く。

こういうレッスンに時間をかけている教室が日本には少ないように思う。けれどもとても大切。昔、バレエ協会の講習会で、外国からの先生が地方を回って下さり、このようなレッスンをやってくださったとき、他の先生方の中には不満を漏らされた方がいた。こんな簡単なことを習うために呼んだのではないと。いえいえ、こういうクラス、本当に大切ですよ。

小さな頃から音楽に合わせてカウントを数える練習をさせること。これが大切です。

なので、子どもクラスだからといって、分かりやすいディズニーばかり使うのは良くないと思います。聞きなれない曲も、たまには使うこと。ポップスなどで構成されたレッスン曲は大人のクラスには良いけれど、子どものクラスではあまり良いとは思いません。しっかりとしたクラシック音楽を聴く習慣づけのためにも、クラシック音楽でのレッスンが、子どもこそ必要だと思います。

音楽とバレエ

音楽については専門的に勉強したわけじゃないから、たいそうなことは言えないんだけれど、バレエの音楽って基本的にはオーケストラで演奏されているよね。オーケストラには様々な楽器がある。同じメロディでも主旋律を演奏する楽器が変わるだけで、印象が変わるものです。

同じ動きであっても、重たい感じの音にはその重さを伝えられるような動き。軽い感じの音のときは軽さを表現する動き。なんてことに、ちょっと意識を傾けてみる。

石田種生先生は常々、「上半身がメロディ、下半身はリズム」とおっしゃっていました。

音楽を聴くときにも、何気なく聴くのではなく、ひとつの楽器に注目してみたり、伴奏だけに注目してみたりすると、動きの質が変わってくることがあるよ。楽譜が読めるなら、メロディだけを弾いてみたり、伴奏だけを弾いてみたりしても面白い。

昔、「ゼンツァーノの花祭り」のGPDを踊ったときのこと。コーダで男性と2人肩を組んで、跳ねながら自転し、その後すぐにソーテ、グリッサード、グラン・ジュテを繰り返すところがあるんだけれど、なんだかすっきりとしない。主旋律はものすごくはっきりとしたリズムを打っていて、その音に乗ってやろうと思うのだけれど、それがどうしてなのか、上手くそのリズムがつかめない。それで、練習を中断して何度も音を聴いてみた。そうしたら、主旋律の後ろ側になんとも滑らかな旋律があることがわかった。そして意外にも、その旋律に合わせてみたら、呼吸が楽になり、小気味よく踊れるようになった。

そんな経験から。

審美眼

「バレエが上手になるためには、何が必要ですか」という質問を受けることがよくある。必要と思えることは、例えば、レッスンに要する時間、レッスンの難易度、筋トレ、ストレッチ等々いろいろあるでしょう。けれど、私がいちばん大切だと思うのは「審美眼」。

美しいものを見て、美しいと思う感性。

だれかが「美しい」と思っても、また別のだれかは「そんなに魅力を感じない」ということはままあることなので、このように話しても、それは「好みの問題」だと勘違いする人がいる。

それは、言い換えれば「質」という言葉で言い表せるものだと、フェルデンクライス・メソッドのトレーニングコースに参加したときに知った。

質の良い動き＝無駄な力を使っていない動き

そして、それはより機能的であり、エレガントなのだという。

それを目で見て、すぐに分かる能力。これがないと、いくら自分の動画を見て直そうと思っても、何が変なのかさえ分からないことがある。その審美眼を養うために、素晴らしい彫刻や絵画などを美術館へ行って見るべきです。一流というものは限りなく無駄を省いたなかに存在するということがわかります。

ゴテゴテと飾り立てたものが美しいと思っていたら、それは違うんだよ。

バレエも同じ。

高く足が上がったり、ジャンプが飛べたり、くるくる回れたり。それらはひとつの要素ではあるけれど、それらのすべてにおいて質が問われ、質の良い動きであれば、それはだれが見ても美しいものとなる。

バレエはスポーツではなく芸術、と言われる所以だと思う。

踵で立つ

これまでも、床をしっかり押して立つ、ということは伝えてきたつもりなんだけど、リハーサルしていてもまだ伝わっていないと思う場面がたくさんあります。

どうしてもバレエの場合はポワント立ちになるから、爪先立ちになろうとしてしまいがち。だけど、ポワント立ちは爪先の先に体重をかけて立っているわけではありません。

踵に向かった体重を、さらに地面の方へ伝えることで、床反力を用いて身体は上へ上へと引き上がるのです。そうすると、その踵の先に中足骨が伸びる形で、現実的にはさらに床を押します。見た目、踵は持ち上がっていきますが、ダンサー本人の身体の中では、骨盤から脚は下へ下へと、骨盤の中からは上へ上へと働きます。

その結果、踵へ向かった体重は、中足骨のアーチに乗ることで、体重を上手に受け止めることができます。

それがしっかりとできると、骨で体重を支えているため、筋肉の負担は少ないですよね。すると踊りの途中で脚に力が入らないとか、ポワントが落ちてしまったなどということはほとんど起こりません。

何度も言います。

ポワント立ちも、踵へ向かった先にあるということ。

自分の出番を待っている間は、自分で腸骨稜を上から押して、踵を探すこと。踵への意識が薄れるとふくらはぎに力みが生じて、踊りの最後まで脚の力が持たなくなっちゃうよ。

踊りに入った指導の際には、ピケに立つ前のプリエやピルエットを回る前のプリエ以外では、「踵を（床に）着けろ」とうるさく言わない方が良いね。それだけで全身が落ちてきてしまいます。これまでのことがきちんと理解できて使えている子は「踵を意識して」と言うだけで正します。踊っているときには少々踵が浮いていても、きちんと床反力が働けるお腹を使えていれば問題ありません。

そのための正しいドゥミプリエのレッスンをこれまでしてきてるんだものね。

表現力

「笑顔で踊って！」などの声掛けは、もちろんどの先生も言ったことがあるはず。けれど、顔だけ笑っていても可愛らしく見えなかったり、なんだか無理やり笑顔を作っていて変だなぁという踊りも見たことがあるのではないでしょうか。

表現するためには、何が必要か。

何年か前に、ある犯人が整形手術をして顔を変えて逃亡するということがあった。しかし、人は個人を特定するとき、実際には顔を見て判断をしているわけではない。ある実験で証明されていることだけれど、人は、対象者の姿勢、歩き方などですぐに個人を特定するのだという。つまり、歩き方や立ち姿を変えることが、何よりキャラクターを変えやすいということ。

バレエの場合は、ときには「姫」、ときには「村娘」、はたまた「気丈夫な女の子」、「悪魔の化身」、「純真無垢な可愛らしい女の子」など、様々な設定がなされているなかで、バレエのテクニックをこなさなければならない。
それには顔の表情だけでは、無理がある。

では、どうするか。胸の張り、緊張や顎を引いて目を見開く、ということもある。
けれど、いちばんは首の付け方。

背骨からの曲線をどう活かして首を付けるかで、「凛とした姫」にもなれるし、「可愛らしい村娘」にもなる。

ここでは具体的なことは私の主観的な部分も入ってしまうので書かないけれど、少しヒントにしてほしい。

目は、本能的に左右を水平に保とうとする。それを自在に斜めに保てるようなレッスンと、経験で、表現力の幅は広がる。前に書いた〔滑らかな背骨を作る〕で、背骨が動くようになっていたら、これは難しいことではなくなっているはず。

〝華〟を生む〝鼻〟

前に書いた〔滑らかな背骨を作る〕を用いて、アラベスクやカンブレに活かせてもらえたら嬉しい。その補足も兼ねて書きます。

遠位と近位のことも何度か書いていると思うけれども、背骨の動きを作りだすための遠位は鼻。その鼻も、自分の、しかも私みたいなぺちゃんこな鼻ではなく、その鼻の延長線上、ピノキオの鼻を想像して、そこから動かす。そうすることで、滑らかになった背骨は、自由自在に美しい曲線を作りだす。

首を左右に回転させるだけの練習を必ず生徒にさせるべき。なぜかというと、右や左から中央へ戻すときや、中央から右や左へ向くときに、鼻の先をいったん引っ込めて回転させてしまう生徒がいる。これでは回転技もうまくいかないし、アラベスク等のポーズもはまらない。そしてこういうダンサーは必ず地味である。「華がない」という言い方をする。

昔のバレエダンサーや指導者が著した書物には「残念ながら〝華〟だけは、努力して得られるものではない。生まれながらに持っているもの」と書いてある。私の言うことに矛盾を感じるよね。だけど矛盾しないよ。

なぜなら〈胸はアイデンティティを司る〉で書いたように、この箇所はなかなか直しづらい。しかしフェルデンクライス・メソッドでは改善が図れる。骨のひとつひとつに自由を取り戻すことで、首の動きは変わるのだから。

なんて素敵なことでしょう！

床を押して立つ＝坐骨で椅子を押して座る

床をしっかり押して立つということを何度も言っていますが、その前の段階で、椅子に座って坐骨で座面を押すことの練習をしないといけません。小学生くらいの子は立ち上がってのレッスンの前に必ず、坐骨で歩かせたり、床に座った状態で、坐骨で床を押して反ったり丸まったりして、坐骨を床の上で前後に転がらせたりすることをするべきです。もちろん中学生以上であっても、これまでにそれをしてこなかった子たちはするべきです。

また、踊りの練習になったとき、一度椅子に座って坐骨を確認しながら、上半身だけで踊ってみる。それが動きづらい人は、上半身がまったく使えていないということ。例えば手を動かそうとしたとたん、坐骨が座面から外れるとしたら、立った状態では脚は上半身の体重を支えられていないということになります。つまり立っているとき、骨で立っているのではなく、大腿四頭筋や大臀筋、ふくらはぎなどの筋肉たちが、無駄に頑張って支えてくれているのです。なので、難しいテクニックのところや、最後あたりで失敗することが起こりうるよね。脚もだんだん太くなってしまいます。一見、上半身の表現力が豊かだと思えるのだけれど、脚は太いラインになってしまうことがあります。併せていうと、そのダンサーは、大きなホールのいちばん上の端っこの席からでは、残念ながら表現力は乏しく見えてしまいます。

古典バレエの1曲のヴァリエーションでも、1曲のグラン・パ・ドゥでも、もちろん全幕バレエ全体を見ても、最後の最後、ダンサーが疲れた頃に大技があります。それは、いかに質の良い動きを要求しているか、ということに他ならないのです。

だからこそ、骨で立つ。
無駄な力を使わない。

そのために、上半身（骨盤から上はすべて上半身）の骨が、きちんと下半身（大腿骨から下）の骨に乗れる状態に身体を作らなければならないということです。

首と、胸と、目と

今日のリハーサルで少し、何人かにアドバイスしたこと。

鼻骨から尾骨まで背骨がつながっているのだけれど、その自然な曲線を探すこと。ちょっとの首の角度ですべてが変わるよ。

その首をつけるために、身体の真ん中にある胸は本当に柔らかくその背骨を助けていないといけない。

そして、目。

首の傾きと、そのつながりの先の黒目が作るラインで、身体の動きに魂が宿る。

みんながそんな踊りを、踊れるようになったら素敵だね。みんなは、もうその少し手前まで来ているよ。

首と、胸と、目と。それらを自在に操れれば、お姫様、王子様や村人、妖精、悪魔にだってなれる。足の高さやジャンプの高さ、回転だけでなく、それらも立派なバレエのテクニックです。

生徒たちへ宛てた手紙

今の中高生たちはこれまで、私が病気で入退院をしていたことを知りません。ですから今回の入院には本当に驚いたことと思います。逆に卒業生たちは「また、いつものこと」と言わんばかりに、「先生、今度もまた元気になって戻ってきてくださいね！　応援してまーす」という感じ。「残念ながら、今度はそういうわけにはいかないみたいだよ」と言ったのだけれど、なかなか呑み込めない様子…。

ふりかえればコンクールの引率や講習会などで生徒を連れて全国いろいろなところへ出かけた。その都度、私の経験したことや考えを生徒たちに話してきたけれど、これからはそれが難しそう。

なので、こうして文章にして残すことにしました。
どんな子にも必ず長所がある。
それを伸ばそうと一緒に頑張ってきた。
これは、今、スクールにいる生徒たちにあてた〝手紙〟です。

6月14日（日）

入院し手術をして、やっと落ち着くことができるようになり、昨日と今日、コンクール練習をリモートで病院から指導した。7月11日にはJBC大阪（国内コンクール）へ出場する4人を、この2日間で見た。

高校生の柚香ちゃんは、これまでは不器用で何度も「ダメだ」「まだ分かっていない！」と言ってきたけれど、さすがに一番しっかりしている。初めに自主練習の動画を送ってきたときに、私からのダメ出しを8個くらいLINEで送ったけれど、次の日には全部直してきていた。そして、その次の日に出した課題もしっかりとこなしている。素晴らしい。

あとの3人も頑張っている。なかには厳しい言い方をした子もいたけどね。他の中学生ジュニアの子たちにも厳しいことをLINEで伝えた。

このような練習環境下で私が厳しいことを言うのは、本意ではない。みんなが育つのをじっくりと待ちたい。けれども、今、私に頼るやり方で練習してしまうと、私がいなくなったときの喪失感の方が強くなってしまうだろう。だから、子どもたちが私に言われるのを待つようにはなってはいけない。自分で工夫して、普段のレッスンからヒントを得て、それを形にする方法を自分で考え出さないといけない。これから先、どこへ行っても、彼女たちの立場はアウェイなのだから。

〝若佐先生が大切に育てた子〟に、喝を入れてくれる人はだれもいないんだよ。

まだ、やっと歩き出した雛のようなみんなを、そんな状況にしてしまうのは心残りだけれど、きっとみんなwhile乗り越えてくれると信じている。

自分に厳しく、そして自分のたった少しの成長を楽しまなければいけないよ。

6月15日

人工肛門を作る手術から10日目。やっと傷の痛みも和らいできた。そして、さらに10日後からは抗がん剤の治療がスタートする。

もちろん病気になりたかったわけじゃないし
何度も手術を受けたかったわけじゃないし
人工肛門だって付けたかったわけじゃないし
抗がん剤治療もしたいわけじゃない

すべてやりたくないことばかり。

けれど、それを受け入れて頑張ろうと思えるのは、生徒のみんながいるから。
みんなの成長を少しでも後押ししたいと思えるから。
みんながレッスンを頑張っている姿をスマホ越しに見ることができる、なんて良い時代なんだろう。卒業生で東京にいる香菜恵先生のリモートでのレッスンを受けているみんなの姿を見ていると、そのときだけは、普段の自分に戻れていることに気づく。
今の私にとっては、みんなの頑張る姿、成長が支えです。

私ではない先生に習うときに

これから先、いろんな先生に習うことが増えるだろうね。

そんなとき、「若佐先生と違う」「若佐先生の言っていたことと違う」と、不安になることもあるでしょう。

でもね、それを言っていては、自分の成長を止めてしまうよ。

どんな教え方であっても、そこには必ず真実が含まれています。

私がこれまでみんなに伝えてきたことと、その先生の教えとのなかの共通したことを見つけ出すことが大切。

そうすれば、たくさんの先生から、たくさんのことを学べる。またとないチャンスを得ることになる。


私がやってきたことは、みんなにバレエを教えたのではなく、バレエを通して〝学び方〟を教えてきたつもり。だから、どこへ行っても、だれに習っても、何を習うときでも、〝学び方〟を思い出してほしい。

成長には個人差がある

成長の差というのは、たとえ経験年数や年齢が同じであっても起こります。少々成長が早くても、結果的にその成長の早い方が先頭を行くとは限らず、成長の遅かった子がいつの間にか先頭にいることもしばしばあること。

なぜなら、だれしも同じ人間ではなく、考え方も、身体つきも、みんな違うのだから。ジャガイモを同じように茹でて味を付ければ同じになる、というのとはまったく違うのよ。先生からの掛け声に、ものすごくピン！　とくる子もいれば、それがまったく自分には分からない、ということもある。だれでもある。

でも分からないことを、「才能がない」と思ってはいけないよ。

必ず〝時期〟というものがあるからね。

だけど、その〝時期〟というものを、ただぼーっと待っているだけでは、訪れてこないかもしれない。自分を俯瞰的に見ることができるようにならないといけません。そのためには、自分の動きを動画に撮り、何度も見ることや、自分の頭のなかにある動きのイメージを人形で再現させてみたり、絵に描いてみたりすることが良いかもね。

1．自分の頭のなかにあるイメージを丁寧に細かく固める。
2．1.ができたら、ゆっくりとその動きをやってみる。
3．必要があれば2.を動画で撮影して1.との差を知ること。

これを繰り返してごらん。ただやみくもに泣きながら練習しても上達はしません。
それを努力とは言わないんだよ。

自分の苦手なこと、得意なことに気付いていますか？

苦手なことと得意なこと。これは学校の勉強でも同じことがいえるだろうね。バレエでも、ジャンプが得意な人もいれば、くるくる回ることが得意な人もいる。それらが苦手でもポーズがとてもきれいな人もいるし、とても存在感があって愛らしいダンサーもいる。魅力的だよね。その他にも、順番はだれよりも早く覚えられるとか、与えられた動きを音楽に合わせるのが得意だとか、バレエにはいろんな要素があるから、何か一つ、自分のいちばん得意なこと、好きなことをはっきりさせてみよう。そして、それはレッスン中には必ずだれにも負けないように心掛けてみよう。

次に、どうしても苦手なこともあるでしょう。それにも気付けることが大切。

例えばピルエットが苦手な場合。3回転を練習するけれど上手くできないときは、2回転、1回転、1/2回転、1/4回転と、より簡単な方へ戻していくことの勇気をもつことも大事です。3回転ができないからといってブンブンと勢いをつけて練習しても絶対にできるようにはならない。

回転数を減らしていきながら、問題点を探すこと。

軸足にちゃんと立てているか、背骨はちゃんと軸足と連動して引き上げられているか、首は自由になっているか、パッセの足はきちんと骨盤から正しくできているか、等々探してみること。

苦手なことは、動きのスタートの時点で問題を抱えていることが多いよ。

自分の成長が感じられなくなったとき

一生懸命練習しているのに、自分はなかなか上達しない。まわりのお友達はどんどんできるようになっていく。そんなときは辛いよね。

けれど、そんな悩みは簡単には口には出せないものだよね。自分自身がいちばん認めたくないことかもしれないから。

また、中学生後半くらいになると、昔は簡単にできていたことが、ある日突然、上手くいかなくなってしまったりすることもあるよ。身長や体重の変化、筋肉バランスが変わってくることが原因であることが多いのだけれど、そんなとき「昔はできたのに…」ということばかりにとらわれていてはいけないよ。

あなたが成長するために、一歩前に進む必要があるのに、まわり（友達の成長）を見たり、後ろ（過去の自分）を見続けていると、肝心な前へ進めなくなる。

あなたが成長するためには、前しか見てはいけない。

たまには、まわりや後ろを見て自分の成長を確認するのはいいけれど、まわりや後ろには自分が前に進めない理由がたくさんある。そこから自分ができない理由を探すのは簡単なこと。

つまり、今の自分ができることを探して、それを丁寧にやっていくしかないんだよ。

そうすれば、必ず前に進み出す。

6月26日　退院したよ

24日に初めての抗がん剤というキツイ薬の点滴をしました。この薬で私の病気をやっつけるためです。けれど、この薬はものすごくキツイので、私の元気な部分も少しずつ砕かれていってしまうと思います。この治療をこれから3週間おきに続けることで、私は病気との闘いを続けていきます。

これから先、目標が見えなくなったり夢が失われたり、人生にはいろんなことがあるでしょう。

私もそんなことに悩んだ時期も、もちろんあったよ。

でもね、今は今できる小さなことをひとつ、明日には明日の小さな夢をひとつ叶えていけば、きっとそれは大きなものになって、幸福感として自分の前に現れて、結果をもたらしてくれる。

今の私は、昨日できたことが今日できなくなったとしても、哀しくはない。今できることを精一杯喜ぶことができるからね。

明日はＺＯＯＭで久しぶりに小学生ジュニアたちにレッスン。
先週に引き続いて中学生ジュニアのレッスンも。
そして明後日は、スタジオへ行ってみようと思っている。

つい１か月前まで、たった一人でオンラインレッスンを配信していた私のスタジオ「ラルジェスちゃん」で、今度は生徒さんに会えるのだと思うとうれしい。

こんなふうに、ひとつずつ幸せの花が咲いていく。

発表会のリハーサル

今日は9月8日（火）。本番まであと1か月と少し。

今年は新型コロナウイルスの影響もあって、急遽発表会を決めたので、てんやわんやとリハーサルをしています。

私は先々週に体調が良くなかったため、また1週間も入院してしまった。今日は久しぶりにパ・ド・ドゥのリハーサルを見ることができた。

日に日に成長する生徒たち。

みんな本当に輝いているね。

1か月前にはまだ演目も決まっていなかったのにね。

みんな、日々の生活を送りながらスケジュール調整をしてリハーサルに励んでいる姿は、本当に美しい。

この美しさが、舞台の上でさらに光を増して輝くのだろうね。

楽しみだな。

私がバレエを始めた理由と、コロナ禍

最初にも書きましたが、私はこう見えても子どもの頃は、いわゆる虚弱体質だったため、病院の先生から何か運動をさせた方が良いといわれ、バレエを始めた。

だから小学校でみんなが部活動をやり始めても、私は親の許可が出ず、「くみちゃんはバレエがあるでしょ！　スポーツはダメ」と言われていた。

私にはバレエしかなく、そのバレエがいつも私を支えてくれた。

だから、このコロナ禍でバレエのレッスンができなくなる生徒たちに、少しでもバレエの時間を作ってやりたいと思った。

そして少し前から考えていたオンラインでのレッスンを導入することにし、それぞれ家にいる生徒たちとのレッスンを開始した。

この子たちにとって、バレエが心の支えであるならば、私のできる限りのことを尽くそうと思った。

何かに打ちこめることがあるというのは。それ自体が自分を確認する場であり、自分を表現する場である。それを奪われることって、辛いよね。病気と闘う私にとっては、この仕事があるから頑張れる。バレエの指導ができなくなったら、生きていく意味ってどこにあるんだろうとさえ思う。

始まったオンラインレッスンは、今まで見えにくかった欠点を掘り起こし、生徒にとっては他人の目を気にすることなく自分に打ちこむことができる場となった。

コロナ禍が私たちにもたらしてくれた功績も確実にあったよね。

私の仕事はバレエを教えること

昨日も病院の診察で聞かれた。

「お仕事、まだやってますか?」と。

歩くことはなんとかできるし、運転もまだできるからスタジオへ行くことも問題はない。だけど、これまでのようにクラスレッスンを教えたりはできなくなっている。

今は、発表会に向けてのリハーサルと、コンクールへの指導に顔を出す程度で、実際に足を高く上げたり、回転をしてみせたり、ジャンプしてみせたりなんて、まったくできない。

だけどフェルデンクライス・メソッドを取り入れているおかげで、生徒を言葉だけで誘導することも苦ではないことに加えて、目と背骨の関係や、腕と肋骨の関係からの表現の仕方をやってみせることくらいは、できる。

フェルデンクライス・メソッドでは、必ず〝制約〟を設定し、身体の動きに制限を持たせることによって別の個所の動きを生み出す、ということをやるのだけれど、今の私はまさに〝制約だらけ〟の生活のなかで、むしろ残された可能性が広がっていることを感じることができる。

新しい自分を、毎日発見してる。

芸術の意味

ここ数日、続けて芸能人の自殺報道があった。芸能人だけではない、多くの自殺者があるという。

私は常々思っている。

人は、食べ物がなくてもすぐに死にはしない。
だけど、夢や希望がなくなったとたんに死んでしまう、と。

だからこそ、人間にとっては、芸術って食べ物くらい大切。

私は15年前、発病して間もなく、うつ病を発症した。
人に会うことが辛く、引きこもり、バレエの「バ」の字も見たくないほどバレエから遠のいた。けれども必要に迫られて覗いた舞台で、スクールの生徒たちによる20人くらいのコールドバレエ（群踊）が、舞台の上で立ち上がり、パドブレ（トゥシューズで爪先立ちになり細かく足を動かす）で引き上がっていく様子を見た瞬間、私自身の身体も一緒に、持ち上げられるような感覚を覚えて、涙があふれた。

そんな力が、バレエ、芸術にはある。

どうかコロナ禍の今こそ、少しお金がかかっても、何も理解できなくても、舞台を見たり、美術館に足を運んでほしい。

心に栄養を与えてほしい。

今やれること

私は母校である京都バレエ専門学校で、ボディワークのクラスを担当させていただき、指導にあたっていた。内容はフェルデンクライス・メソッドを用いた実践的解剖学的なクラス。これまでは私が京都へ出向き、学生さんたち一人一人に触りながら、自分の身体が変わることを伝えてきた。これからのバレエの世界でダンサーや指導者として生きていく彼らの努力が無駄になることなく、自分の身体が変わる可能性を伝えたくて、4年前から指導させてもらっていた。

しかし今年度は新型コロナウイルスの影響で、4月、5月は休講。やっと6月から再開というときに病気が再発してしまったため、校長先生に急遽連絡し、すべてキャンセルさせてもらっていた。

それ以外の市外、県外はもちろん、スクール以外の外部のお仕事もすべてお断りすることとなった。

無念だった。

京都バレエ専門学校の有馬校長先生は心配して何度もお電話をくださり、励ましてくださるなかで、良かったらオンラインでクラスをやらないかとご提案くださった。

そして昨日9月28日、ＺＯＯＭによって今年度初めてのクラス指導をさせていただくことができた。本当にありがたい。

こんな私でも、やれることがあることが本当に嬉しい。そしてこれまで伝えてきた１００％には足りないかもしれないけれど、今の私の１００％を伝えたい。

5月30日（入院直後）に、生徒と保護者の方へ送った文章

前略

廿日市国際コンクールの出場枠を来年に持ち越したいお考えの方、今現在、お返事を留保されている方に送っています。

※廿日市国際コンクールは新型コロナ感染拡大防止のため、当初夏休み期間中に開催予定だったものが延期され、10月平日開催に変更となっていた。

近いうちにスクールの保護者の皆様へお知らせいたしますが、取り急ぎ皆様へお伝えさせていただきます。

先日、私が入院加療中であることはお伝えしたばかりですが、今回の治療は元気に回復を目指しているものではありません。非常に厳しい状態であることをお知らせしないとなりません。ですので、生徒さん皆さんには、今後どうバレエと向き合っていくのかの選択をお願いしなければなりません。

私が指導しないなら

1．国際コンクール等の出場はなしで、楽しくバレエを続ける。
2．違うバレエ教室へ移籍する。
3．違う部活動やスポーツ、芸術の道へ転向する。
4．私といずれ離れる日がきても、自分の人生としてバレエと向き合い続ける。（10月に出場する）

このどれかを選択しなければなりません。どれを選択されても、私は応援しますし、これまで私と共に培ってきたものは必ず力を発揮してくれるものと信じています。

その事情から、来年への持ち越しは現実的ではないため、今回出場されない場合は、同教室から別の参加者へ、参加権を譲渡する形を取らせていただきたいと存じます。

お返事をいただいた順に、次の参加者へ声をかけていきます。次の参加者が見つかった場合はエントリー料金をお返しします。

突然に厳しい話を突き付けることになり、私も心苦しいのですが、事情をご理解いただきご了承ください。

なお、もう一度出場する方向で考え直されている場合は早めにお返事ください。

若佐久美子

自分を知るということ

フェルデンクライス・メソッドとは、ごく簡単に言うと「内観をさせ、そこに動きが加わって新しい感覚に遭遇する」ということができる。

入院する2か月前から新型コロナ感染拡大防止のため、スタジオを閉鎖して、私と生徒たちはオンラインでレッスンをしていた。しかし、画面越しだと若干コミュニケーションに不安を覚えるので、レッスンが終わった後、レッスンの感想や気付いたこと、心配なことなどをグループＬＩＮＥで共有してきた。私が入院し、急遽東京からオンラインで指導してくれた卒業生の北村香菜恵先生（現 新国立劇場バレエ団ダンサー）のときも、みんながグループＬＩＮＥに書き込んでいた。

でもね、毎回毎回なので仕方がないのだけれど、コメントが「先生に今日言われたことに気を付けます」って、何人も書いてる（怒）。今日注意されたことって、何！ってなるでしょ！　それで「もっと具体的に書きなさい！」って私から言った。さらに「前回、その前、その前のものをもう一度見返してごらん。結局、毎回同じことを注意されてるんじゃないの?」と、LINE上で公開説教。香菜恵先生から「わぁ、若佐先生、厳しい! けど、その通りですね」って。

答えは外にあるのではなく、自分の内側にある。

活字におこして言葉にするのは自分を客観的に見られるようにすることが目的。動画を撮っても、撮ったことで安心し、きちんと厳しい目で見てなかったりすれば何の意味もないでしょ。

内観することが大切。

自分を知れば、それは自信につながるよ。

フェルデンクライス・メソッドで、今の私の最も支えになっているもの

人の内部には「思考」「感覚」「感情」「動作」が常に同時に存在していて、それらは独立している。そして、そのうちのひとつに変化を生じさせると、すべてが連動して変化する。そういう考え方がフェルデンクライス・メソッドにあります。

例えば、どんなに自己啓発本を読んでも改善しない「思考」を、わずかな「動き」から「感情」「感覚」に働きかけ、気付きを生じさせることで「思考」に変化をもたらす、というものです。なので、フェルデンクライス・メソッドの動きは、単なる筋トレとはまったく違うものです。

今、私は抗がん剤治療をしながらも、この4つを自分のなかで分化させることができるので、ある何がしかの「感覚」に遭遇しても、「感情」を冷静に見つめることができ、同時にそこに生じる「思考」もまた「感覚」や「感情」に流されることなく、それらを受け入れつつ「行動」ができている。

と、夜中、多少のふらつきを伴いながら病院のトイレに向かって歩いているときに、思い至った。

フェルデンクライス・メソッドをやっていない人には小難しく聞こえるよね。

けれど、これができたら人生最高、いや最強です。私が抗がん剤の副作用が少なく済んでいるのは、この考え方故だと思うのです。

これはあくまで個人の感想で、効果、効能を保証するものではありません、悪しからず、と言っておこう。

みんなちがって、みんないい

無事、元気に退院しています。

みなさま、いろいろご心配いただいてありがとうございます。

抗がん剤の治療が始まって、回数が増えるごとに身体の方はあまり大変ではないという鈍感力が半端ない、稀有な私だったけど、さすがに前回は抗がん剤治療のための入院日に原因不明の39度の高熱が出て、抗生剤の点滴で1週間も入院してしまいました。それからさらに1週間ほど様子を見ての今回の入院、治療でした。

こんな具合に予定通りにはいかないこともやっぱりあるんだけれど、昔の私だったら、予定通りに行かないことがものすごいストレスだったと思うんだな。

だけどね、フェルデンクライス・メソッドと出会ってからは「ゴールを決めない」「提案はするけど、自然の流れにまかせる。流れたい方へついていくことから始める」ということに身を置けるようになったんです。昔の私を知っている人にとっては、ここで驚愕かもね。

フェルデンクライス・メソッドを取り入れてからは、バレエの指導においても、できないことをできるように矯正することを、しなくなった。

「えっ！　じゃあ、結局できるようにならないじゃん！」って突っ込んだでしょ⁉

でも安心してください。私が直すのではなく、生徒自らが直せるように導くのです。それが他のメソッドとフェルデンクライス・メソッドの大きく違うところ。

他者は自分と同じ価値観で生きてはいない。そしてまた、自分のなかにある価値観も無理に否定しなくていい。まずは、今を受け止めてから。

私の部屋に掛けてある、金子みすゞの詩。

私が両手をひろげても、
お空はちっとも飛べないが、

飛べる小鳥はわたしのやうに、
地面《じべた》を速くは走れない。

私がからだをゆすっても、
きれいな音は出ないけど、
あの鳴る鈴はわたしのやうに、たくさんな唄は知らないよ。

鈴と、小鳥と、それから私、
みんなちがって、みんないい。

10月7日

誕生日でした。
みなさま、たくさんのコメント、LINE、メッセンジャー、ありがとうございます。

正直に言って、こんなに誕生日がうれしいのは人生初かも。

これまでは「自分のために何か用意されたものを喜ぶ」というような誕生日だったような気がするけれど、今日は、自分の想いと、その想いを受け取ろうとしてくれるたくさんの仲間の想いを共有することのできた1日だったように思う。

自分の存在を認めてくれるうれしさ。
自分の想いを理解されるうれしさ。
自分の背中を押してくれるうれしさ。

そんな気持ちを始めて感じることができた、誕生日の本当の意味を知った10月7日になった。そして、少し挫けそうになっていた心は、やっぱりもう一度「頑張れ」と私に語りかけてきた。みんなのおかげで、これから先何年もこんな誕生日を迎えようって期待する自分を取り戻せた。

本当にみなさん、たくさんの「おめでとう」をありがとう。
それは私の背中を押し、両脇を支える杖となっています。
また、来年の10月7日をこんなふうに迎えることができるよう、できることをやっていきます。

本当にありがとうございます。

そして今日は、廿日市国際バレエコンクールにみんなが出場している日だった。

コメント欄には
「先生お誕生日おめでとうございます。

中2から高校生まで、今日は廿日市国際コンクール、ワークショップでした。
明日はバリエーション決戦頑張りまーす！」と出場者みんなの写真も添えてあった。

本当は付いて行きたくて、みんなを側で応援したくて、そしてこんなに成長しているみんなを誇らしく舞台に送り出したかったんだけど、松江で静かに応援してます。

みんな、本当にこの半年でものすごく成長したね。自分らしく楽しんでおいで。

発表会（2020年10月18日）を終えて

8月に入ってから発表会をすることを決め、生徒さんにお知らせをし、実際に振付が始まったのが8月15日だったかな。それもパ・ド・ドゥのアダージョのみ佐藤航先生（地主薫バレエ団）が一人で13曲を2週間（4回のレッスン）で、一気に仕上げてくれた。舞台で組む男性ダンサーがリハーサルに来るまでに振りを覚えておかないと間に合わないからと。小学生ジュニアは4月の山陰コンクールで踊る予定だったVa.を踊ることにした。今から一人ずつ新たな作品を指導する時間がないことがいちばんの理由だった。そのかわり新4年生は、4月の時点ではバレエシューズでの参加予定だったのを、履き始めて間のないトゥシューズで踊ることにチャレンジさせることにした。その他、5年生たちはピケを全部回る、シェネを回る、5年生の男の子はピルエットをダブルで回るという目標をもってトライすることとした。

それでも、私が通常レッスンから抜けたための調整などでまだまだクラスレッスンが落ち着かず、なかなか発表会の練習に専念するようにはいかない雰囲気だった。

やっと発表会へとみんなの気持ちが邁進し始めたのは9月に入ってから。ゲストの男性たちも徐々に来始め、パ・ド・ドゥが初めての子たちも意識を上げざるを得ない雰囲気になったのは9月も末だった。だけど、夏の予定だった廿日市国際バレエコンクールが新型コロナウイルス感染拡大で延期になって10月5日から8日まで開催されたため、パ・ド・ドゥ組のほとんどが留守になったりもした。

そんななかで迎えた発表会だった。

だけど、それぞれが本当に内観でき、集中して舞台に挑めた。

ここは？　というところでは、舞台袖から声をかける。その声にきちんと反応できて、立て直せるのは、これまでのしっかりとした基礎の積み重ねの他にない。またコロナ禍でのオンラインレッスンで培われた、声に反応するということ。私が不在のなかでも練習を自分自身の問題として取り組めるようになっていたことが大きかったのだと思う。

どの子も自然な呼吸で、しっかりと骨で立ち、自分に集中して踊り切った。

もちろん完璧ではない。

完璧であるはずがない。

それは、次の舞台を目指せば良い。
とにかく出演者みんなが、踊り切ったという満足感を味わっているのがわかった。

とても誇らしかった。

スクールの今回の舞台こそ、私が目指してきたもの。
生徒の一人一人が、みんな満足できる踊りを踊ること。
そして、それをだれもが見て「素敵だった」と言ってもらえること。
目指していたものがやっと形になった。

今後の予定

合計6回の抗がん剤投与を終え、いったん抗がん剤治療はお休みのよう。先日からＭＲＩ検査、ＣＴ検査を行い手術の検討に入る。仙骨の近くに隙間なく腫瘍があったため、当初は手術ができないと言われていたが、抗がん剤治療によってわずかながら2割ほどの縮小が認められたおかげで、手術ができそうだということになった。

けれどもたいへん大きな手術になるとのことで、今ある人工肛門に加えて、尿道に関しても何がしかの処置を施す必要があるそうである。私の障がいの度合いは大きくなっていくことが必至のようだ。それでも生命の時間を稼ぐことができれば、まだ何かできることがあるのではないかと思い、手術の方向で話を進めることにする。

発表会も終わり落ち着きをみせたスクールは、それと同時に目的を失ってしまった。取り急ぎ4月にある山陰バレエコンクールを目指して頑張ろうという話はしているが、生徒のモチベーションをどこまで維持できるだろうか。また、いつまでこの体制を維持していけるだろうか。

心配ごとは尽きない。
けれど、やれるところまでやっていくしかないだろう。
あと何年、私は関われるのだろうかと心配しても始まらない。
今から、私なしで、前に進めるようなスクールにしていかないといけないよな。

指導者としての私

　病気のため、やむなく閉鎖した支部の生徒さんからいただいた手紙で私自身が目指していた姿を見ていてくれたことを知りました。またその私の根底にあるもの。恩師とのことをご紹介したいと思います。

生徒からの手紙

先日のこと、長い間続けていた米子の教室を閉めることになったとき、教えていた生徒の一人、Mちゃんから手紙をもらいました。彼女は今、5年生。自己主張が強い彼女に指導する若い先生たちは手を焼いていることがありました。私が初めて彼女に会ったのはMちゃんが3歳の初めての発表会の時でした。Mちゃんはお化粧が嫌だと、大泣きをしていて周りはあたふたしていました。他の先生たちの困った様子を見かねて、私は「そんなに嫌なら、もうやらなくてもいい。帰りなさい！」ときつく言いました。するとMちゃんは泣きべそをかきながらも小さく「やる」と答えてくれました。よく覚えています。

それから何年かたって、私が米子の教室を直接指導するようになりました。私の担当は4年生以上のクラス。Mちゃんはそのとき3年生でした。レッスン中も暑いとか寒いとか、落ち着かない様子を見せていました。でもそんなMちゃんが送迎の都合で4年生以上のクラスに来たいと言いました。他の先生は「無理ですよね」と言っていましたし、私の厳しい指導なら音を上げて辞めるかもしれないとも思ったけれど、本人がちゃんとやるならと上のクラスでのレッスンに入ってもらいました。

すると彼女は、まるで別人でした。ちゃんと話をきけるし、真面目にやれる。以前の彼女とは全然違っていきました。

しかし私の病気が進んでしまい、米子の教室を残念ながら閉めることになり、保護者の方たちに情けないというお侘びのご連絡をしたところ、Mちゃんは「情けないことはないです。若佐先生は指導が上手です」と手紙を送ってくれました。

彼女は自分なりに存在を認めてもらおうと「嫌だ！」を繰り返していたのかもしれません。ありのままの自分を受け入れてもらいたかったのだと思います。

フェルデンクライス・メソッドの理念として、まず観察すること。そしてありのまま受け入れること。そこからどう改善するかを考えることというのがあります。彼女がまだ3歳当時私は、フェルデンクライス・メソッドに出会っていなかったけど経験の中でそんな風に対処することをいつの間にか学んでいたのだと思います。

自分をきちんと受け入れてくれる相手には素直に心を開いてくれます。これからどんな人生がMちゃんに訪れるかはわからないけれど、その最初に立ち会えたことが私はうれしかった。

Mちゃん、お手紙ありがとう。

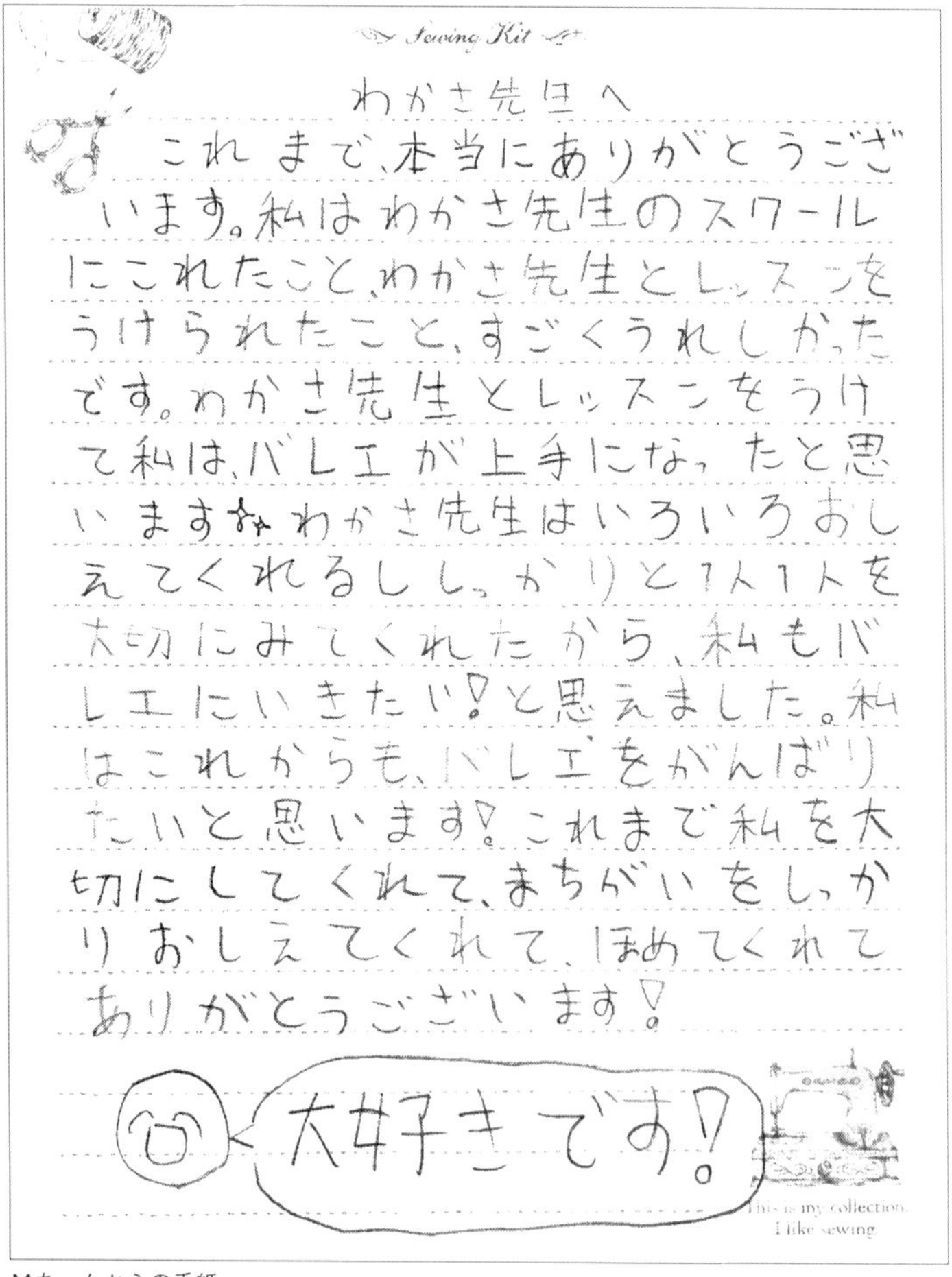
わかさ先生へ
これまで、本当にありがとうござ
います。私はわかさ先生のスワール
にこれたこと、わかさ先生とレッスンを
うけられたこと、すごくうれしかった
です。わかさ先生とレッスンをうけ
て私は、バレエが上手になったと思
いますわかさ先生はいろいろおし
えてくれるししっかりと1人1人を
大切にみてくれたから、私もバ
レエにいきたい!と思えました。私
はこれからも、バレエをがんばり
たいと思います!これまで私を大
切にしてくれて、まちがいをしっか
りおしえてくれて、ほめてくれて
ありがとうございます!

Sewing Kit
大好きです!
This is my collection.
I like sewing

Mちゃんからの手紙

田中揚子先生のこと

これまで私の指導法や思いを1冊の本としてまとめるためにいろいろと書き綴ってきましたが、やはりどうしても書いておかなければならないエピソードが残っています。たくさんの著名な先生方にも大変お世話になってきました。しかし避けては通れない、私の生き方に決定的に影響をもたらした人が、ミチルバレエ会の田中揚子先生です。

6歳から始めたバレエに夢中になり、雨の日も風の日も通い続けた教室を主宰していたのが田中揚子先生だった。他の教室のことは知らなかったが、田中先生の指導はかなり厳しく、誰かが泣き出すまでレッスンが終わらないような教室だった。だけど私が小学4年生のころ、ある大雪の日、誰も来ないスタジオで、1人部屋を暖めて待っているような先生だった。当時の私はバスが進まない為、やむなく歩いてスタジオへ向かった。私の足でやっとたどり着いた時には暖房を消してすぐだったのだけど、「すぐに暖めるから」と言ってくれ、たった1人の私の為にレッスンをしてくださった。

京都で改めてバレエを学んだ私は、田中先生の教え方とはまったく違うアカデミックな内容に衝撃を受けた。専門学校在学中も年に1回の発表会の際には必ず松江に戻り、ソロを踊り、後輩たちの面倒をみたり指導をしたり…。その頃は田中先生もそんな私の様子を頼もしく思ってくれたと思う。私が3年になって、この先どうしようかなと考えているとき「松江に帰ってこようと思います」と丁寧にお手紙を書いた。すると田中先生から「あなたが帰ってくるなら支部の出雲の教室を手伝ってもらえないかしら」と言っていただいた。大方の指導者がそうであるように、誰かの教室を手伝いながら経験とスキルを身に付け、やがて自分のスタジオを持つ、というのがひとつのパターンだったし、田中先生が言うのならばと、二つ返事で引き受けることにした。

教室の生徒たちはみな、京都で勉強して帰ってきた若い私にレッスンしてもらえることを喜んでくれた。実際に教えるとどんどん上達していくのが手に取るようにわかった。私はバレエを教えることの楽しさを実感し、充実した日々を過ごしていた。

それが田中先生の気に障ったのだろうか。

私に対する態度がだんだんと冷たくなり、私にものを頼むこともなくなった。私は何もすることがなく、教室の隅でただ立っているだけの身となった。「あら、何もしない人があそこに立っているわね」とあからさまな皮肉まで言われた。でも私はめげなかった。先生のことを親以上の人だと思っていたので、田中先生の仰ることは絶対だった。

そんなある日、先生から「これ、読んでちょうだい」と分厚い手紙を渡された。

家に帰り読んでみたが、私には意味がわからなかった。先生が何を言いたいのか、まったくわからない。そこで父と母に手紙を見せたところ、一読して2人はため息をついた。それでも私には何のことだかわからない。すると父が「この手紙には、もう二度と来るな。私の邪魔をするなと書いてある」と言う。母も「あなたは親の言うことは聞かないで、先生の言うことばかり聞いてきたから、わからないだろうけれど」と言った。

その後すぐに父は私を連れて先生のお宅に行き「長い間娘が大変お世話になりました。今後一切先生のお邪魔はさせません」と私の頭を無理やり掴んで下げさせた。先生のお宅から出ると父は「わかったか。もう二度と先生のところへ行くんじゃない」と私に釘を刺した。それが決定的な別れとなった。

破門だ。

先生のお邪魔をするわけにはいかない。一時は私のプロフィールに「田中揚子先生のもとでバレエを教わる」とは書くことが出来ず伏せていた。

それでもと毎年、中元歳暮を贈り続け、そのお礼状も毎回達筆な字でいただいていたことが唯一、先生との繋がりだった。そんな中、仕事が忙しくなり、病も得た身となって、自分のことに追われる毎日を過ごしていた。

12年ほど前のこと、私が入院中に田中先生のご主人から急に電話をいただいた。バレエ教室を閉めるということで、ついてはタンバリンなどの小道具、衣装がたくさんあるのでそれを譲り受けてもらえないかという話だった。それが田中先生本人の希望だという。破門された身なのに、邪魔者扱いされて排除された私なのに、なぜだろうという思いはあったものの「いつも私のことを気に掛けてくれたのではないか」と、なんだか不思議な、だけどうれしい思いでいっぱいだった。けれど私自身は入退院を繰り返す身となっていたため会いに行くことは出来ないまま、いつしか盆暮の「お礼状」が届かなくなってしまった。

そんなある日、ある生徒の母親から「先生の先生が本庄の老人施設におられるようだよ」という話を聞いた。施設の職員の方が、たまたま私の教室の発表会のパンフレットを持っておられたところ、それを目にした先生が、パンフレットに載っていた私を指差して「これは私の教え子だ」と言われたのだという。その頃、田中先生ご自身は認知症の症状がかなり進んでいたにも関わらず、昔の記憶の細い糸をたぐるようにして私のことを思い出したのだろうか。

私はさっそくお見舞いに行くことにした。もちろん私も年をとっていたから、田中先生からすれば誰が来たのかは全然わからなかっただろうけれど、パンフレットを見せると、やはり私の写真を指差して「この子はね、よくがんばっていましたよ」と言ってくれたのだ。

その言葉を聞いて、私はやっと積年の思いから解放されたような気持ちになった。田中先生は重い認知症になってしまったけれど、バレエのこと、そして私のことが、深く沈んだ記憶の中でもまだ残っていたということが、ありがたいと感じた。それで先生のご主人と相談して、教室の子どもたちを連れての施設への慰問が決まった。

そして迎えた慰問の日。田中先生、ご主人、そして利用者のみなさん、スタッフの方々が見守る中、生徒たちは秋の発表会で披露した演目を踊りました。そして1曲だけ、私が4年生のときに田中先生に習って踊った「ガボット」を加えることにした。4年生当時の振り付けを何となく思い出し、アレンジし、当時の様に生徒2人が扇を持って踊るようにしました。

曲が始まると目をしっかりと見開いて、背筋をピンと伸ばされ、子供たちの踊りを食い入るように見つめ始めたのです。何かが記憶の扉を叩いたのかもしれません。

それは、奇跡のような瞬間でした。そしてみんなの踊りが終わり、感想を求められた田中先生はこう言いました。

「非常にすばらしくレッスンしてありました」

田中先生は、今年（2021年）1月に他界されました。いろいろなことがありましたが、やはり田中先生は私の恩師です。私の原点です。アカデミックな指導方を学び、一度は田中先生の元でやっていたレッスンは私の中から取り除かれていきました。しかし、フェルデンクライス・メソッドを得た私は感覚的な部分に関しては先生の教えの中にたくさんの要素が含まれていたことに気付きました。子供の頃、田中先生のもとでやっていたレッスンのいくつかをこの本の中にも書きました。

先生に一度は反旗を翻していた私でしたが、今、私の代わりに指導に携わってくれる卒業生へいだく思いと同じ思いを、当時の田中先生は思っていたのではないかと最近になって思うようになりました。当時の私は理由あってこの指導方法にたどり着いていた先生に、その先生の教え方を真っ向から否定するように映ったのでしょう。指導者は経験を積まなければなりません。どんな理論を学んでも経験の中からしか得れないものがたくさんあります。その為に今私に何が出来るのか模索中です。

先生、ありがとうございました。

ご冥福をこころよりお祈りいたします。

施設慰問の様子

あとがき

昨年の5月末、猛烈な痛みに襲われた時、「あぁ、ついにこの時がきた」と思った。16年前の発病以来、何度も再発を繰り返しながらその都度、手術を重ねてきた。「もう二度と指導の現場には戻れないだろう」といわれながらも何度となく、何事もなかったように現場に戻り指導にあたってきたけど、今回はこれまでしてこなかった人工肛門の造設、抗がん剤治療にくわえて6度目になる開腹手術の為、「これまでのようにはいかないだろう」と覚悟していた。

これまで私が指導できなくなった時、スクールが困らないようにと育ててきたスタッフも、この時に限って誰もいない状態であった為、一時はスクール閉鎖も考えた。けれど、卒業生たちの声に押され、何とかしてこのスクールを存続させること、私のこれまでの指導のノウハウを継承させることに残りの時間を費やすことにした。その一つとして、入院後すぐから必要に迫られて卒業生たちに書き綴ったものを本書にまとめた。

また現在は、本書に書ききれなかったことや、具体的な事を伝えるため、WAKASAメソッドとして指導内容を整理し、指導者養成コースを作り（2021年から一般募集開始予定）、オンラインによるワークショップなどに取り組んでいる。

もしかしたら伝え終わるまで元気ではないかもしれないと挫けそうになりながらも、「協力するよ」「大丈夫？」と声を掛けてくれる友人たちに支えられながら一歩ずつ進めてきた。

勇気をもって初めの一歩を踏み出してみると、自分の人生を振り返るよい機会となった。これまでどれだけ多くの皆さんに支えられてきたのか、関係ないと思っていた小さな出来事、一つ一つも私の血肉になっていたのだと改めて感じることが出来た。

この十数年にわたって治療していただいている、鳥取大学医学部付属病院の皆様、特に女性診療科の佐藤慎也先生は、私の「バレエを指導したい」という意思を尊重してくださっている。鳥取大学医学部付属病院にお世話になるまでには、「仕事と自分の身体とどっちが大切だと思っているの（怒）」「命が助かって何の不満があるの！」「こんな病気は生活習慣なんですからね」と方々で言われた。確かに今、流行りの「うっせぇわ」という歌の歌詞にあるように、発病する前は誰に何と言われようと、「あなたが思うより健康です」と心の中で思いながら、やみくもにバレエの指導に明け暮れていた。実際は自分で思うより身体は大変だったわけだけど。

「癌も治る時代」と言われるようになり、実際に寛解となる方も多くおられるようだが、私の病気はそうではない。そんな中、手術を繰り返しながら、「指導の現場に戻れないなら生きている意味はない」という私の意志を、鳥取大学医学部付属病院の先生たちは、理解を示してくださり、自力で歩いて生徒の前へ出ていく為のサポートをしてくださる。抗がん剤治療の後、おこなった手術では人工肛門に加えて腎臓にも管を通すことが予想された。

さすがの私も人工肛門に加えて、尿のパックを携えての生活は想像しただけで心が折れた。そのうえ、大きな手術だからと結果的に一人での移動困難なことにでもなれば、指導の現場に簡単に出られなくなるのではないか、と不安になり、一度は手術を辞めたいと担当医に話した。すると佐藤慎也先生は、「あなたが現場に戻れることを優先する。その意志は尊重したうえで手術をすすめます。」と言ってくださった。結果、8時間の手術の末、腎臓、膀胱にダメージを与えることなく現場に戻ることが出来た。そして今も、日々様々な問題が起きるたびに、なるべく仕事に戻れるようにと言ってくださっている。本当に心から感謝申し上げます。

なにより、この1年、私の体調が不安定な中、私の代わりに生徒の指導にあたってくれるゲストティーチャー、スタッフ、卒業生たち、またスクールの運営を陰で助けてくださる保護者の皆様のおかげで今日のスクールの運営が続けていられることにお礼申し上げます。

そして、こんな私に今でもついてきてくれ、日々成長し続け、私を喜ばしてくれる生徒たちが今の私の生きる糧です。ありがとう。本書でいろいろ書いたけど、本当に指導者にとって大切な事は「いつも健康であること」だな。ごめんね。

フェルデンクライス・メソッドを私に教えてくださった島根大学の広兼志保先生、私に自分で資格を取るように進めてくださった先輩プラクティショナーの高尾明子先生。また、京都バレエ専門学校の先輩の名嶋聖子先生、川村美佐子先生にも私がフェルデンクライス・メソッドトレーニングコースへ参加するよう背中を押してくださいました。

卒業生に向けたLINEの内容を、一般の方に読める内容にするため、どの箇所の意味が不明か、説明が必要かと精査してくれたフェルデンクライス・ウェストジャパン京都3期の仲間Tちゃんをはじめ、私を資格取得まで支えてくれた、藤井里佳先生、藤井英貴先生、同期の仲間達にありがとうを伝えたい。

また、本書にまとめるにあたって、ハーベスト出版の井上世菜さん、ライターの矢島浩三さんには何度も校正にお付き合いいただきました。

皆様、本当にありがとうございました。

ここからまったく指導できなくなるその日まで、出来ることを一つずつやっていきます。

２０２１年４月

若佐久美子

スクール25周年記念公演（撮影：テス大阪）

若佐久美子「最後のレッスン」

二〇二一年五月三十一日　発行

著者　若佐久美子

発行　ハーベスト出版
〒六九〇-〇一三三
島根県松江市東長江町九〇二-五九
TEL　〇八五二-三六-九〇五九
FAX　〇八五二-三六-五八八九

印刷・製本　株式会社谷口印刷

定価はカバーに表示してあります。
落丁本、乱丁本はお取替えいたします。
Printed in Shimane Japan
ISBN978-4-86456-394-9 C0073